Erica Bänziger

Ziegen- und Schafskäse

Die besten Rezepte

AT Verlag

Fotos: Andreas Thumm, Freiburg i. B.
Lithos: AZ Grafische Betriebe AG, Aarau
Druck und Bindearbeiten: Neue Stalling GmbH, Oldenburg
Printed in Germany

ISBN 3-85502-748-X

Inhalt

Dieses Buch widme ich ganz besonders meinem Sohn Mano Filippo, der schon mit 6 Monaten mit mir zusammen mit grosser Begeisterung Ziegenfrischkäse degustierte.

Ganz besonders möchte ich es ausserdem der Familie Geiser in Indemini (Tessin) widmen, bei der mein Sohn mit 14 Monaten, überglücklich und umgeben von neugierigen Zicklein, seine ersten Schritte auf zwei Beinen machte.

Ferner möchte ich damit auch allen anderen kleinen und mittleren Produzenten von Ziegen- und Schafskäse einen Kranz winden, die oft hoch oben und in weit abgelegenen Bergtälern ihre Tiere mit Liebe und Sorgfalt hegen und pflegen und aus der Milch wunderbare Käsespezialitäten herstellen. Dank ihnen kam ich auf den Geschmack und viele Jahre später überhaupt erst auf die Idee, dieses Kochbuch zu realisieren.

Grazie mille.

Erica Bänziger
Verscio, Frühling 2001

Ziegen und Schafe gehören zu den ältesten Haustieren der Menschen. Seit Jahrtausenden galt und gilt die anpassungsfähige und genügsame Ziege – die «Kuh des armen Mannes» – als sicheres Anzeichen für dürftige Lebensumstände. Ziegen und Schafe waren aber auch immer schon Gegenstand von Poesie und religiöser Verehrung. Auf Felszeichnungen aus der Zeit um 3500 v. Chr. sind Darstellungen zu erkennen, die auf die Verwendung von Ziegenhaar zur Herstellung von einer Art einfacher Bekleidung hinweisen. Vor allem im Mittelmeerraum hat die Ziegenhaltung eine lange Tradition, und das Tier wurde besonders geschätzt; nach einer antiken Sage soll hier gar Gott den Menschen in Ziegengestalt erschienen sein. Weltweit sind Ziegen und Schafe deutlich weiter verbreitet als Rinder und Kühe. Dank ihrer geringeren Ansprüche an das Futter (abhängig von der Rasse) können Ziegen und Schafe auch auf weniger fruchtbaren Böden und in steilem Gelände gehalten werden, wo das Halten von Kühen nicht mehr oder nur sehr schwer möglich ist. Ziegen und Schafe stellen damit in abgelegenen Berggebieten oft die einzige Verdienstmöglichkeit und eine wichtige Nahrungsquelle dar und waren in kargen Zeiten oft die einzige Quelle von tierischem Eiweiss.

Der Konsum von Ziegen- und Schafmilch und den daraus gewonnenen Produkten hat also eine längere Tradition als die Produktion von Käse aus Kuhmilch. Der einzige Nachteil ist die geringe Produktion: Ziegen und Schafe geben viel weniger Milch als Kühe, was vielerorts einer der Hauptgründe für ihre Verdrängung durch die Rinderhaltung war (in Bezug auf die Bedingungen ihres Lebensraums gehören sie jedoch dennoch zu den produktivsten Haustieren). Aufgrund der geringeren Milchleistung hat echter und reiner Ziegen- und Schafskäse auch einen höheren Preis als Käse aus Kuhmilch.

Zusammensetzung von Ziegen- und Schafmilch

Ziegen- und Schafmilch enthält vor allem Eiweiss, Fett und Kohlehydrate sowie verschiedene Mineralstoffe, unter anderem natürlich auch Kalzium.

Zusammensetzung von Ziegen- und Schafmilch im Vergleich mit Kuhmilch (in %)

	Fett	Eiweiss	Kohlehydrate
Schafmilch	5–10	4,5–7	4,2–5
Ziegenmilch	4,3	3,4	4,4
Kuhmilch	3,95	3,5	4,8

Der Fett- und der Eiweissgehalt der Milch hängen sehr stark von der Rasse, der Fütterung und Haltung der Tiere, dem Laktationsstadium und der Sorgfalt beim Melken ab. Bei Schafmilch ist der Fettgehalt zu Beginn der Laktationsperiode bei 5% und steigt gegen Ende der Laktation auf 10% und mehr an; der Eiweissgehalt liegt zu Beginn bei 4,5% und erhöht sich bis auf 7%.

Der Gehalt an Mineralstoffen und Spurenelementen hängt ebenfalls stark von der Fütterung und der Futtergrundlage ab. Enthalten sind die Mineralstoffe Kalzium, Phosphor, Magnesium, Kalium, Natrium,

Chlor und die Spurenelemente Eisen, Kupfer, Bor, Vanadium, Strontium, Molybdän, Zink, Mangan, Jod, Fluor, Titan.

Milch enthält auch fast alle lebenswichtigen Vitamine, vor allem A, B_1, B_2, B_6, B_{12}, Niacin, Folsäure und Pantothensäure, wenig Vitamin C, D und E. Auch bei den Vitaminen ist der Gehalt stark abhängig von der Fütterung und der Futtergrundlage; im Endprodukt Käse ist ausserdem der Einfluss von Wärme durch eine allfällige thermische Behandlung mit zu berücksichtigen.

Ziegenmilch enthält weniger Eisen und Folsäure als Kuhmilch, daher kann es bei einer reinen Ziegenmilchernährung bei Kleinkindern zu einer Anämie kommen.

Eine gesunde Alternative

Ziegenmilch ist aufgrund ihrer Eiweiss- und Fettstruktur bekömmlicher als Kuhmilch und wird daher besonders auch zur Heilung von Milchschorf sowie bei Magen- und Darmgeschwüren empfohlen. Ausserdem ist bekannt und erwiesen, dass bei der heute immer häufiger auftretenden Kuhmilchallergie Ziegen- und Schafmilch meist gut vertragen werden. Ob das allein an der andersartigen Fett- und Eiweissstruktur liegt, ist nicht eindeutig erwiesen.

Einen Einfluss könnte auch das Futter haben. In der Regel werden Ziegen noch überwiegend mit Raufutter, das heisst vor allem mit Gras und Heu, ernährt, und im Idealfall können sie sich ihre bevorzugten Kräutlein auf der Alp noch selbst suchen. Man weiss auf jeden Fall, dass Ziegen, was ihre Nahrung betrifft, sehr wählerisch sind und beispielsweise bereits Laub vom Rand einer wenig befahrenen Strasse verweigern, Laub von einem unbelasteten Standort aber geradezu gierig fressen. Untersuchungen an Kuhmilch in Zusammenhang mit dem verabreichten Futter zeigten mit der so genannten Steigbildmethode deutliche Ergebnisse. (Mit der aus der Anthroposophie kommenden Steigbildmethode kann man anhand von Kristallisationsbildern – die Kristallbildung als Ausdruck der Bildkräfte lebender Organismen – Qualitätsunterschiede von Lebensmitteln aufzeigen; damit ist beispielsweise erkennbar, ob ein Lebensmittel biologisch-organisch oder biologisch-dynamisch produziert wurde.) So wies Kuhmilch von Kühen, die mit Kraftfutter ernährt wurden, weniger Vitalität auf als solche von Tieren, die Raufutter erhielten.

Eine Besonderheit der Schafmilch ist ihr Gehalt an Orotsäure. Orotsäure hat verschiedene gesundheitlich äusserst wertvolle Eigenschaften: Sie baut hochwertiges Zellkerneiweiss auf und wirkt so bei alternden Menschen regenerierend (besonders auf die Leber). Ausserdem dient sie als Trägersubstanz für das krebsfeindliche Magnesium und wirkt dadurch krebshemmend. (Das Schaf ist das einzige krebsresistente Haustier.) Und sie baut alterungsbedingte Ablagerungen ab, was sich besonders positiv auf das Gefässsystem auswirkt und dadurch Arteriosklerose vorzubeugen hilft.

Und damit noch nicht genug des Lobs: Schafmilch wirkt positiv auf die Blutbildung (empirisch nachgewiesen), empfiehlt sich als Heilnahrung in der Rekonvaleszenz, bei

Magen- und Darmerkrankungen, bei Hautkrankheiten (aufgrund der enthaltenen Fettsäuren) und allgemein zur Steigerung der Abwehrkräfte.

Rohmilch oder pasteurisierte Milch?

Für die Käseproduktion kann die Milch roh oder pasteurisiert sein. Bei der Pasteurisierung wird die Milch kurz auf 68–70 Grad erhitzt und dann sofort wieder abgekühlt. Dadurch werden Keime reduziert, was sich allenfalls auf die Haltbarkeit der Produkte auswirken kann. Da zusammen mit den unerwünschten schädlichen Keimen auch die erwünschten Milchsäurebakterien abgetötet werden, muss pasteurisierte Milch zur Käseherstellung wiederum mit Milchsäurebakterien angereichert werden. Der Zusatz von Milchsäurebakterien wird aber auch bei der Herstellung von Käse aus Rohmilch empfohlen, da sich der Geschmack dadurch positiv beeinflussen lässt.

Gegenüber der Sicherheit der Produktion und der einheitlicheren Qualität des Endprodukts bei der Verwendung von erhitzter Milch sind die Vorteile der Verwendung von Rohmilch die Naturbelassenheit und ein arttypischeres, intensiveres Aroma.

Leider werden im Lebensmittelrecht diesbezüglich immer mehr Einschränkungen gemacht, weshalb das bereits kleine Angebot an Rohmilchkäse wohl eher noch abnehmen wird.

Ziegen- und Schafskäse sind Saisonprodukte

Aufgrund der Biologie dürfte es Ziegen- und Schafmilch sowie die daraus hergestellten Produkte, vor allem natürlich Frischkäse, nur in der Zeit von etwa Ende März oder Mitte April bis Mitte/Ende September (je nach Höhe auch noch länger) geben; die Zeitspanne variiert je nach den klimatischen Verhältnissen und Produzent. Denn Ziegen und Schafe geben nur Milch, weil sie trächtig sind. Nach dem natürlichen Rhythmus ist die Geburt der Jungtiere im Frühling. Nachdem die Jungtiere schon bald nach der Geburt (mit 2 bis 2½ Monaten) als Osterlamm oder Gitzi in den Verkauf gelangen, liefern die Muttertiere weiterhin Milch, aus der dann die begehrten Käse hergestellt werden. Im Herbst werden die Ziegen und Schafe, um sie auf die nächste Trächtigkeitsperiode vorzubereiten, trockengestellt, das heisst, das Melken wird eingestellt. In der Zeit einige Wochen nach der Befruchtung bis zur Geburt der Jungtiere gibt es also natürlicherweise keine Ziegen- und Schafmilch mehr.

Um, wie von zahlreichen Konsumenten und Händlern gewünscht, ganzjährig Ziegen- und Schafkäseprodukte zu erhalten, kann man in den natürlichen Rhythmus eingreifen, indem ein Teil der Herde im Frühling und ein anderer Teil im Herbst gedeckt wird. Verschiedene Produzenten erklärten mir, dass man zu diesem Zweck auch mit Hormonen nachhelfen kann, durch die man den natürlichen Zyklus beeinflussen kann. Auf diese Weise ist dann ganzjährig Milch für die Käseherstellung verfügbar. Auch durch eine optimale Fütterung und eine Anpassung des Stallklimas kann man erreichen, dass alle Ziegen zweimal im Jahr lammen; da die Tiere dadurch aber sehr ausgelaugt werden, wird dies von Fachleuten nicht empfohlen.

Um möglichst die gesamte Menge der begehrten Ziegen- und Schafmilch zu Käse verarbeiten zu können, werden die Zicklein und Lämmer von einigen Produzenten auch mit Kuhmilch oder mit einer Art Ersatzmilch (Milchaustauscher) ernährt statt mit der arteigenen Milch des Muttertiers.

Wer auf eine natürliche Produktion Wert legt und dennoch im Winterhalbjahr Ziegen- und Schafskäse geniessen und die Rezepte dieses Buches nachkochen möchte, der kann sich entweder einen Vorrat an Ziegenkäse einfrieren oder aber die Rezepte mit Frischkäse aus Kuhmilch zubereiten. Sie schmecken dann vielleicht je nach verwendetem Käse etwas weniger würzig, sind aber immer noch ein Genuss. Ausserdem sind die lagerfähigen Sorten Feta, Roquefort, Pecorino, Formagella und andere Ziegen- und Schafmilch-Halbhart- und -hartkäse auch im Winter ohne saisonale Einschränkung erhältlich.

Nebenprodukt Fleisch

Ein kleiner «Wermutstropfen» bleibt auch beim Konsum von Milchprodukten.

Ziegen- und Schafskäse gibt es nur, da die Tiere ein Junges zu säugen haben, das dann nach kurzer Zeit bereits als Delikatesse auf unseren Tellern landet.

Und selbstverständlich werden auch alte Ziegen und Schafe nach einer bestimmten Lebensspanne geschlachtet. Aus ihnen werden dann in bestimmten Regionen sehr schmackhafte Würste und Salami hergestellt, die meist nur direkt beim Produzenten erhältlich sind. Im Tessin wird als Spezialität (vor allem im Tre Valle und Sopraceneri) die Cittit hergestellt, eine Wurst, die in der Regel kein Schweinefleisch enthält, sondern aus reinem Ziegenfleisch und -innereien besteht und durch bestimmte Gewürze wie z.B. Zimt ihre ganz besondere Note erhält. Es lohnt sich, diese echte Tessiner Spezialität im Herbst in einem Grotto zu probieren.

Um Käse herzustellen, braucht es – als weiteres tierisches Produkt – Lab. Dieses Enzym, das in der Regel aus dem Magen geschlachteter Kälber gewonnen wird (es gibt auch pflanzliches Lab), bringt das Milcheiweiss zur Gerinnung. Da bei der Käseherstellung immer Jungtiere anfallen, muss jedoch zur Gewinnung von Lab kein Kalb sein Leben lassen. Lab kann und wird heute teilweise auch gentechnisch hergestellt. Von den mir bekannten und angefragten Produzenten wird jedoch stets natürliches Lab aus Kälbermagen verwendet.

Der Geschmack von Ziegenmilch verändert sich im Laufe der Laktationsperiode von sehr mild im Frühling bis zu intensiv im Herbst, und dementsprechend verändert sich auch der Geschmack des daraus hergestellten Käses. Ziegenfrischkäse sind in der Regel milder als Hartkäse, wobei aber selbstverständlich auch hier je nach Region und je nach verwendetem Futter Unterschiede bestehen. Daher lassen sich über den Geschmack und den passenden Verwendungszweck nur ungefähre Angaben machen.

Da es auf dem europäischen Markt eine fast unüberschaubare Anzahl und Vielfalt an Ziegen- und Schafmilchkäse gibt, sind im Folgenden nur die grundlegenden Kategorien Frischkäse, Ricotta, Weichkäse (inklusive Roquefort und Camembert), Feta sowie Halbhart- und Hartkäse beschrieben. Was die einzelnen Sorten betrifft, gibt es nur einen Rat: Ausprobieren!

Frischkäse aus Ziegen- oder/und Schafmilch

Viele kleine, regionale Produzenten verarbeiten die Milch ihrer Ziegen und Schafe zu Frischkäse.

Die Frischkäse werden ohne Reifung sofort nach der Herstellung, je nach Produzent meist in Form von Rollen, als kleine Laibe oder in quadratischen Formen von 150–250 g (in beschichtetem Käsepapier oder offen) angeboten.

Je nach Region und Produzent werden die Frischkäse mit gehackten Kräutern, Gewürzen und Knoblauch als Geschmackszutat gewürzt. Vor allem in Frankreich werden diese Käse auch in gemahlener Birkenkohle gewendet, die ohne Bedenken mitgegessen werden kann. Es handelt sich dabei um eine natürliche Substanz pflanzlicher Herkunft.

Bekannte Produktenamen sind z.B.: Formaggini, Buscon, Robiolo (Tessin), Fermier frais, provenzalischer Brousse oder Truffettes (Frankreich).

Lagerung und Haltbarkeit: Frischkäse ist, bei 4–6 Grad im Kühlschrank gelagert, rund 10 Tage haltbar. Wenn er älter wird, wird er rezenter im Geschmack, was von manchem Käseliebhaber oft erwünscht ist. In Vakuum verpackt bleibt er länger frisch.

Frischkäse lässt sich mit minimaler Qualitätseinbusse auch sehr gut tiefkühlen. Auf diese Weise kann, je nach Vorrat, die natürliche Schaf- und Ziegenkäsesaison bis in den Winter hinein verlängert werden.

Geschmack: Mild und cremig, mit wenig oder schwachem Eigenaroma je nach der dafür verwendeten Milch von Ziege oder Schaf. Je frischer, desto milder.

Verwendung: Frischer Ziegen- und Schafmilchfrischkäse schmeckt pur auf Brot oder mit Olivenöl, Essig und Pfeffer angerührt hervorragend. Ausserdem eignet er sich als Basis zur Herstellung von Saucen und Dips oder unter Teigwaren und Risotto gemischt. Eine besondere Delikatesse sind überbackene Frischkäse mit Kräuterkruste (siehe Rezept Seite 35). Den Verwendungsmöglichkeiten von Frischkäse sind kaum Grenzen gesetzt.

Ricotta aus Schafmilch oder Ziegenmilch

Ricotta ist ein Frischkäse, der aus pasteurisierter Molke (dem Restprodukt der Käseproduktion) hergestellt wird. Durch die Beigabe von angesäuerter Molke oder Säure und das Erhitzen der Molke auf 90 Grad beginnt das Molkeneiweiss auszuflocken und wird abgeschöpft.

Je nach gewünschtem Geschmack und Fettgehalt des Endprodukts wird dieses dann mit Molke, Vollmilch oder Rahm verfeinert.

Der heute im Handel angebotene Ricotta ist, sofern nicht anders deklariert, in der Regel aus Kuhmilch hergestellt und hat einen Fettgehalt zwischen 20 und 45%. Im Fachhandel wird aber auch Ricotta aus Schafmilch und teilweise aus Ziegenmilch angeboten. Ausserdem gibt es gesalzenen Schafmilchricotta, Ricotta salata (ebenfalls im Käsefachhandel erhältlich).

Lagerung und Haltbarkeit: Ricotta ist offen gekauft bzw. nach dem Öffnen möglichst rasch zu verwenden, da die Haltbarkeit sehr beschränkt ist (ca. 3–4 Tage). Ricotta kann man nicht tiefkühlen, er erleidet dabei eine deutliche ungünstige Geschmacksveränderung.

Geschmack: Zart, cremig, sehr mild.

Verwendung: Für die Herstellung von Saucen, Dips, als Aufstrich zu Brot, zum Backen von süssen und pikanten Kuchen, gemischt mit Teigwaren oder Risotto oder zum Herstellen von süssem Gebäck.

Weichkäse, Camembert, Roquefort, Gorgonzola

Weichkäse sind Käse mit einem relativ hohen Wassergehalt. Sie haben aber im Gegensatz zu Frischkäse eine längere Haltbarkeit und können daher auf Vorrat produziert werden. Weichkäse werden nach der Herstellung meist einer mehr oder weniger langen Reifung unterzogen.

Im Handel werden die verschiedensten Sorten und Geschmacksrichtungen angeboten. Zu der grossen Fülle an typischen Ziegenweichkäsen zählen etwa Crottin de Chavignol, Chèvre fermier, Chabichou.

Eine besondere Art von Weichkäse stellen die Schimmelkäse dar. Dazu gehören die Käse mit weissem Schimmel an der Oberfläche, Typ Camembert, Tomme oder Brie, und jene mit Innenschimmel (Blauschimmel) wie Roquefort oder Gorgonzola, denen bei der Herstellung Grünschimmelkulturen (Penicillium roqueforti) beigemischt werden. Der bekannteste Blauschimmelkäse, Roquefort, wird aus reiner roher Schafmilch hergestellt und reift anschliessend in Kalksteinhöhlen heran.

Lagerung und Haltbarkeit: Bei ca. 6 Grad 14 Tage bis 4 Wochen haltbar je nach Reifegrad, Roquefort (in der Originalverpackung) auch noch länger.

Geschmack: Ungereifter Weichkäse schmeckt leicht säuerlich-salzig, sehr mild bis fast neutral. Je nach Reifungsart und Dauer entstehen die unterschiedlichsten Käsetypen und Geschmacksrichtungen.

Da Käse ein reines Naturprodukt ist, schmecken gerade Frisch- und Weichkäse (je nach Reifestadium) immer wieder anders.

Verwendung: Zum Rohessen, zum Überbacken (Tomme de chèvre), für Crostini, zum Grillieren. Der kräftige Roquefort schmeckt besonders gut in Salaten, in Gratins, zu Teigwaren oder in Risotto. Wer den kräftigen Geschmack liebt, wird mit diesem Käse immer wieder Neues ausprobieren (siehe Rezeptteil).

Feta – griechischer Schafskäse

Feta ist ursprünglich der Nationalkäse der Griechen.

Aufgrund der sehr langen und heissen Trockenperioden von bis zu 5 Monaten, in denen kaum Niederschlag fällt, werden auf der Insel Kreta wie auch im übrigen Griechenland vor allem die genügsamen Ziegen und Schafe gehalten, die sich unter anderem von den vielen im mediterranen Klima gedeihenden duftenden Kräutern ernähren. Ihre Milch wurde schon seit je zu Käse und Joghurt verarbeitet. Am bekanntesten ist Feta, ein weisser, krustenloser Käse von halbweicher Konsistenz. Wegen der hohen Aussentemperaturen in Griechenland wird Feta zum Konservieren in Salzlake eingelegt, was ihm seinen typischen Geschmack verleiht.

Feta wird in der Regel aus Schafmilch hergestellt; es gibt ihn aber auch aus einer Mischung von Ziegen- (30%) und Schafmilch (70%) sowie als reinen Ziegenmilchfeta. Heute wird er zunehmend auch aus reiner Kuhmilch hergestellt. Vor allem Allergiker sollten daher beim Kauf von Feta auf die genaue Deklaration achten.

Lagerung und Haltbarkeit: Feta hat einen Fettgehalt von ca. 43% in der Trockenmasse und ist relativ salzig. In der Originalverpackung ist er bis 6 Monate haltbar. Einmal geöffnet sollte er innerhalb von 3–4 Tagen verbraucht werden.

Geschmack: Feta hat ein typisches Aroma, er schmeckt meist sehr salzig und zart nach Ziegen- bzw. Schafmilch.

Verwendung: Zum Gratinieren, zum Füllen, in Salat, Teigwarengerichten, Risotto, als Grundlage zur Herstellung von Saucen und als Beigabe zu diversen Gerichten je nach Rezept.

Halbhart- und Hartkäse

Aus Ziegen- und Schafmilch werden regional verschiedene Hart- oder Halbhartkäse hergestellt. Am bekanntesten ist sicher der Pecorino aus Italien.

Ursprünglich aus Sardinien stammend, heute allerdings in vielen Regionen Italiens produziert, wird Pecorino noch heute wie seit je ausschliesslich aus Schafmilch, Lab und Salz hergestellt und ergibt je nach Region einen weicheren bis sehr harten Käse. Besonders hart und daher auch sehr gut als Reibkäse zu verwenden ist Pecorino romano aus der Gegend von Rom und Lazio sowie Pecorino sardo aus Sardinien. Echter Pecorino romano wird als Zeichen seiner kontrollierten Herkunft mit dem Label DOC verkauft.

Weitere bekannte Halbhart- und Hartkäse sind: spanischer Manchego aus Schafmilch, Petit Basque, Cabridiou u.a. aus Frankreich, holländischer Gouda aus Ziegen- wie auch aus Schafmilch. Im Tessin (Südschweiz) und in Italien werden aus Ziegenmilch vor allem die Halbhartkäse Formagella und Caprino, aber auch Pecorino hergestellt.

Lagerung und Haltbarkeit: Hartkäse oder Halbhartkäse wie Pecorino, Formagella und andere regionale Schaf- und Ziegenkäsesorten sind, einmal angeschnitten, wie Kuhmilchkäse in Frischhaltefolie oder beschichtetes Käsepapier eingewickelt im Kühlschrank rund 6–7 Tage haltbar.

Ganze Käselaibe werden am besten in einem dafür geeigneten kühlen Keller oder (vom Käsehändler) in Vakuum verpackt im Kühlschrank aufbewahrt. Fragen Sie den Produzenten oder Händler nach der besten Möglichkeit fachgerechter Lagerung. In Vakuum verpackt sind ganze Käselaibe oder Stücke davon 14 Tage und länger haltbar.

Verwendung: Pecorino wird meistens als Reibkäse verwendet; es gibt aber auch sehr milde und weiche Sorten, die sich für weitere Zwecke eignen. Milder, halbharter Pecorino kann mit süssem Balsamicoessig und Olivenöl auch für sich allein, als Nachspeise oder zum Aperitif serviert werden, schmeckt aber ebenso in Risotto und unter Teigwaren gemischt hervorragend.

Formagella und Caprino eignen sich unter anderem zum Überbacken, zum Reiben und für Salate.

Richtiges Servieren von Käse

Käse niemals direkt aus dem Kühlschrank servieren! Käse sollte je nach Sorte zwischen 10 und 30 Minuten vor dem Genuss aus dem Kühlschrank genommen und temperiert werden. Bei Zimmertemperatur entfaltet sich der Geschmack am besten.

Immer milden vor rezentem Käse essen.

Welcher Wein zu welchem Käse? Erlaubt ist, was schmeckt. Eine Empfehlung von Käsefachleuten ist, einen Wein aus der Herkunftsregion des Käses zu wählen; das harmoniert besonders gut.

Zu mildem, zartem Frischkäse schmecken besonders gut Weisswein, Roséwein oder ein leichter Rotwein. Kräftige Ziegen- und oder Schafskäse verlangen nach reifen, charaktervollen Rotweinen.

Weitere Produkte rund um den Käsegenuss

Olivenöl extravergine harmoniert besonders gut mit Ziegen- und Schafskäse aller Art. Ein speziell aromatisches, blumig-fruchtiges, mildes und geschmeidiges Olivenöl, das sich für alle Arten der Zubereitung eignet, ist das von Nicola di Capua in Bonefro in den Abruzzen produzierte Öl.

Eine besondere Spezialität von ihm sind die mit Zitrusfrüchten aromatisierten

Olivenöle. Dafür werden die Oliven zusammen mit ganzen biologischen Zitrusfrüchten (ca. 25–30%) gepresst, woraus feine Öle mit einem zarten Aroma von Zitronen, Orangen, Mandarinen oder Grapefruit entstehen. Mit diesen Ölen kann man die verschiedensten Gerichte wunderbar verfeinern.

Erhältlich im Biohandel, Delikatessenläden/-abteilungen oder direkt per Postversand beim Hersteller, auch Versand in Deutschland. Telefon ++41(0)1/865 29 29. E-Mail: ndc@ledelizie.ch, www.ledelizie.ch.

Aceto Balsamico: Echter Aceto Balsamico ist der König der Essige. Er reift je nach Produzent mindestens 10 oder mehr Jahre in Eichenfässern heran (es gibt Balsamicoessig, der 30 Jahre gereift ist). Reifer, süsser Balsamicoessig harmoniert sehr gut mit Ziegen- und Schafskäse.

Einen wunderbaren Balsamicoessig erhalten Sie ebenfalls bei Nicola di Capua (siehe oben).

Aspretto, Heidelbeeraspretto: Eine Spezialität aus der Toskana. Essig aus Heidelbeersaft mit einem Zusatz von frischem Heidelbeersaft. Heidelbeeraspretto passt sehr gut zu frischem Ziegenkäse mit Olivenöl.

Es gibt ausserdem Aspretto aus Himbeeren, Pfirsichen, Orangen und einen sehr guten Brunello-Aspretto.

Per Postversand erhältlich bei der Firma Tre Mulini (im Angebot ebenfalls ein sehr schmackhaftes Olivenöl).
Telefon ++41(0)62/873 06 00 oder Fax ++41(0)62/873 06 03, E-Mail: tremulini@tremulini.ch, www.tremulini.ch.

Kräutersalz Toscano: Dieses Kräutersalz von der Firma Tre Mulini wird nach einem alten Rezept aus Meersalz und frisch gehackten Kräutern und Würzzutaten wie Rosmarin, Salbei und Knoblauch hergestellt und anschliessend an der Sonne getrocknet. Es schmeckt wunderbar nach Kräutern und kann in zahlreichen Rezepten anstelle von anderem Kräutersalz verwendet werden.

Erhältlich im Biohandel oder direkt per Postversand bei der Firma Tremulini (siehe oben).

Basilikum: Es gibt viele verschiedene Sorten Basilikum; sehr aromatisch sind der kleinblättrige griechische Basilikum und der purpurrote Basilikum. Wenn Sie die Möglichkeit haben, dann pflanzen Sie verschiedene Sorten an. Diverse Basilikumsorten sind im guten Gewürzkräuter- und Gartenfachhandel erhältlich. Im Tessin bietet die Familie Seibold von der Azienda Cortaccio in Gerra Verzasca im Verzascatal Basilikum in Bio-Knospen-Qualität an. Telefon 091/746 15 20.

Gekochte Kastanien: Diese sehr aromatischen Kastanien sind fixfertig gekocht und vakuumiert (Glas, Konserve) und daher gut geeignet für die schnelle Küche. Teilweise im Biohandel erhältlich.

Ich persönlich kaufe meinen Vorrat an Kastanien immer in den Ferien in der Ardèche (Frankreich) ein, wo diese Konserve von den Bauern selbst hergestellt wird. (Anfragen zum Vertrieb eines Analogprodukts aus dem Tessin können Sie per E-Mail an die Autorin richten: ebaenziger@bluewin.ch.)

Ziegenkäse-Ricotta-Basilikum-Paste

1 Hand voll glatte Petersilie
1 Hand voll frische Basilikumblätter (evtl. griechischer Basilikum)
1–2 Knoblauchzehen
100 g Ricotta (evtl. aus Ziegen- oder Schafmilch)
100 g Ziegen- oder Schafmilchfrischkäse
1 EL Zitronensaft
2 EL Olivenöl extravergine
Meersalz, Pfeffer nach Bedarf
Kräuter für die Garnitur

■ Die Petersilienblätter von den Stielen zupfen, waschen, trocknen. Die Basilikumblätter nur mit einem feuchten Tuch abreiben.
■ Petersilie, Basilikum und Knoblauch mit dem Wiegemesser fein hacken.
■ Den Ricotta und den Ziegen- oder Schafmilchfrischkäse mit der Gabel zerdrücken, Zitronensaft, Olivenöl und die gehackten Kräuter dazugeben, mischen und abschmecken.
■ Mit Kräutern oder Blüten garnieren und mit rohen verschiedenfarbigen Peperoni, in längliche Stücke geschnitten, mit Gemüsestängeln, zu Grissini oder getoastetem Brot (für ca. 8 Brotscheiben) servieren.

Tipp: Eine besondere Note erhält die Paste mit etwas Limonenöl beträufelt.

Ziegenkäse-Ricotta-Basilikum-Paste

Ziegenkäse-Roquefort-Creme

50 g Roquefort
100 g Ziegenkäse (z.B. Caprino), gerieben, oder Ziegenfrischkäse nach Wahl
1 Knoblauchzehe, gepresst
1 kleines Bund Basilikum, wenn möglich Zitronenbasilikum oder griechischer Basilikum
1 kleine grüne Peperoni (Paprika), gewürfelt (ca. 80 g)
wenig Zitronen- oder Limettensaft
2 EL Olivenöl extravergine

■ Alle Zutaten mischen und mit dem Stabmixer fein pürieren. Abschmecken.
■ Die Creme schmeckt sehr gut zu Gemüserohkost oder zu Kartoffeln in der Schale. Sie eignet sich auch gut zum Füllen von Tomaten und Gurken für ein kaltes Buffet oder als Aufstrich auf geröstetes Brot (Crostini).

Avocadocreme mit Roquefort und Haselnüssen

1–2 Avocados (250 g Fruchtfleisch)
50 g Roquefort
2 EL Zitronensaft
1 EL geriebene Haselnüsse
Olivenöl zum Abschmecken
Pfeffer aus der Mühle, wenig Kräutermeersalz

■ Die Avocados halbieren, entsteinen und das Fruchtfleisch herausheben. Den Roquefort und den Zitronensaft dazugeben und mit einer Gabel zerdrücken. Mit Pfeffer und Kräutersalz abschmecken. Zuletzt die Nüsse darunter ziehen.
■ Diese Creme schmeckt sehr gut zu gedämpftem Gemüse, zu Kartoffeln in der Schale, zu Rohkost (Crudités) oder Grissini, oder geniessen Sie sie einfach als Brotaufstrich.

Tipp: Nach Belieben mit etwas Limonenöl beträufeln.

Frischkäsedip mit Knoblauch

120 g Ziegenfrischkäse
100 ml Crème fraîche
1 EL fein gehackter Basilikum
1 Knoblauchzehe, gepresst
Kräutermeersalz

Alle Zutaten mit dem Stabmixer kurz pürieren und zu rohen Gemüsestängeln oder Kartoffeln in der Schale servieren.

Tessiner Kastanien-Ziegenkäse-Paste

100 g gekochte Kastanien (aus dem Glas oder tiefgekühlt)
100 g Ziegenfrischkäse
10 Blätter Basilikum
1 Hand voll glattblättrige Petersilie
2 Knoblauchzehen
einige Tropfen guter Balsamicoessig
1 Hauch abgeriebene Zitronenschale
3 EL Olivenöl extravergine
Kräutermeersalz, Pfeffer aus der Mühle
Limonenöl zum Beträufeln

■ Tiefgekühlte Kastanien über Dampf 12–15 Minuten garen. Abkühlen lassen.
■ Die Kastanien mit dem Frischkäse, den Kräutern, dem Knoblauch und den Würzzutaten (am besten im Cutter) zu einer homogenen Paste verarbeiten.
■ Würzen und nach Belieben mit Limonenöl beträufelt servieren.
■ Eignet sich sehr gut als Aufstrich auf Baguette.

Avocadocreme mit Roquefort und Haselnüssen

250 ML

Ziegenkäsecreme mit Pfefferminze

200 g Ziegenfrischkäse nach Marktangebot
2 EL fein gehackter Basilikum
10 Blatt frische Pfefferminze, fein gehackt
1 Knoblauchzehe, gepresst
2–3 EL Olivenöl extravergine
Pfeffer aus der Mühle

- Alle Zutaten zu einer homogenen Creme verarbeiten.
- Nach Wunsch mit Radieschen und Gurkenscheiben garnieren.
- Mit knusprigem Olivenbrot servieren.

Petersilien-Ziegenkäse-Pesto

1 Bund glatte Petersilie, fein gehackt
2 Zwiebeln, fein gehackt
200 g Ziegenfrischkäse, fein zerdrückt
125 ml Olivenöl (oder ersatzweise Rahm)
1 TL Senf
2 EL Zitronensaft
Meersalz, Pfeffer aus der Mühle
50 g gemahlene Mandeln

- Alle Zutaten am besten mit dem Stabmixer gut mischen.
- Zu Pasta oder Kartoffeln servieren.

Gemüse mit Ziegenkäse-Kräuter-Dip

300 g Karotten
1 Stange Lauch
2 Frühlingszwiebeln
250 g grüne Spargeln
300 g Erbsen in den Hülsen

Dip:
250 g Ziegenfrischkäse
1 Bund Schnittlauch oder Basilikum
ca. 2 EL Crème fraîche oder Olivenöl extravergine, nach Belieben
1 Bund glatte Petersilie
1 Zitrone, Saft
Meersalz, Pfeffer aus der Mühle

- Das Gemüse in Stängel, Rondellen und Stücke schneiden. Über Dampf knackig garen.
- Für den Dip alle Zutaten verrühren und zum gedämpften Gemüse servieren.

Tipp: Mit etwas Limonenöl beträufeln.

Kürbis-Feta-Creme

Für 6 Personen

400 g Kürbisfleisch in Würfeln
(z.B. Potimarron)
1 EL Fenchelsamen
1 EL Kreuzkümmelsamen
100 g Feta
Olivenöl
Meersalz, Pfeffer aus der Mühle

- Die Kürbiswürfel im Dampf 10–15 Minuten garen. Gut abkühlen lassen.
- Die Fenchel- und Kümmelsamen in einer Pfanne ohne Fett rösten, dann im Mörser fein zerstampfen.
- Im Mixer die Gewürze mit dem Feta und den Kürbiswürfeln pürieren und alles mit Olivenöl, Salz und Pfeffer abschmecken.
- Zu Rohkoststängeln und Grissini servieren.

Rucoladip

1 Bund (ca. 50 g) Rucola
125 g Ziegenfrischkäse
1 kleines Stück Meerrettich, gerieben
150 g Quark oder Ricotta (evtl. Ziegenricotta)
2 EL Olivenöl
Pfeffer aus der Mühle

- Alle Zutaten im Mixer pürieren.
- Zu Rohkost oder Grissini servieren.

Tomatenpesto mit Pecorino

2 Bund frischer Basilikum, grob geschnitten
3 Knoblauchzehen
100 ml Olivenöl
2 TL Tomatenpüree
50 g Pecorino, gerieben, oder anderer Reibkäse
Meersalz, Pfeffer aus der Mühle

Alle Zutaten zusammen mixen und zu Pasta oder zu geröstetem Brot servieren.

Aromatische Ziegenkäse-Brunnenkresse-Butter

250 g Butter, weich
150 g Ziegenfrischkäse
100 g Brunnenkresse, sehr fein gehackt
wenig Salz

- Die weiche Butter schaumig rühren, den Käse und die Brunnenkresse darunter mischen und mit Salz abschmecken.
- Die Masse auf ein Pergamentpapier geben, zu einer Rolle formen und kühl stellen.
- Innerhalb von 3 Tagen verbrauchen oder auf Vorrat tiefkühlen.
- Eignet sich als Brotaufstrich für Sandwiches oder für Antipasti-Häppchen.

Tipp: Probieren Sie die Butter im Frühling auch mit fein gehacktem Bärlauch statt Brunnenkresse.

Ziegenkäse-Lachs-Mousse mit Kräutern

100 g Räucherlachs
2 EL Rahm
2 EL gehackte glatte Petersilie
100 g Ziegenfrischkäse
100 g Ricotta
100 g Mascarpone
½ Zitrone oder Limette, Saft
Kräutermeersalz, Pfeffer aus der Mühle

■ Den gut gekühlten Lachs zusammen mit dem Rahm fein mixen oder im Cutter pürieren. Die Petersilie dazugeben und kurz mithacken. Sofort mit den restlichen Zutaten gründlich vermischen und abschmecken.
■ Die Masse als Vorspeise z.B. in Chicorée-schiffchen füllen, auf Brotscheiben streichen oder zu Gemüserohkost servieren. Mit frischen Kräutern wie Dill, Rucola oder Basilikum garnieren.

Tipp: Mit etwas Limonenöl beträufeln – passt wunderbar zum feinen Fischaroma!

Ziegenkäse-Lachs-Mousse mit Kräutern

Pikante Käse-Cookies mit Baumnüssen

Ergibt 20 Apérohäppchen

250 g weicher Ziegenkäse-Camembert
100 g Butter, weich
1 TL Meersalz
1 Ei
1 Eigelb
200 g Dinkelruchmehl (Type 1050)
1 TL Backpulver (phosphatfrei)
100 g gemahlene Baumnüsse
125 g Ziegenkäse-Camembert
20 Baumnusshälften zum Garnieren

■ Vom Camembert die Rinde entfernen und den Käse mit der Butter und dem Salz cremig rühren. Ei und Eigelb darunter mischen, anschliessend das mit dem Backpulver vermischte Mehl und die gemahlenen Baumnüsse.

■ Den Teig zu einer Rolle von etwa 3 cm Durchmesser formen und zirka 1 Stunde kühl stellen.

■ Die Rolle in 20 Scheiben schneiden, auf ein mit Backtrennpapier belegtes Blech setzen und bei 180 Grad rund 12 Minuten backen.

■ Die zweite Portion Käse in kleine Stücke schneiden, auf die Cookies legen und jeweils eine Baumnusshälfte darauf setzen. Nochmals für 2 Minuten in den Ofen geben.

■ Schmeckt sehr gut lauwarm zu einem Salat.

Zucchini-Ziegenkäse-Röllchen

Zucchini-Ziegenkäse-Röllchen

Für ein Sommerbuffet oder eine Gartenparty

2 mittelgrosse Zucchini
2 EL Olivenöl extravergine
150–200 g Ziegenfrischkäse
10 Blätter frischer Basilikum, fein gehackt
8–10 Blätter Rucola, fein gehackt
1 Knoblauchzehe, gepresst
wenig abgeriebene Zitronenschale und -saft
Meersalz, Pfeffer aus der Mühle
Limonenöl
Limettenscheiben, Oliven, Gänseblümchenblüten als Garnitur

■ Die Zucchini an beiden Enden kappen. Der Länge nach mit einem Gemüsehobel in feine Scheiben hobeln. In wenig Olivenöl von beiden Seiten kurz (je nach Dicke 2–4 Minuten) braten. Auf Küchenkrepp abtropfen lassen. Leicht salzen.

■ Den Ziegenkäse mit der Gabel zerdrücken. Mit Basilikum und Rucola gut mischen, mit Knoblauch, Zitronenschale, wenig Zitronensaft, Pfeffer und Meersalz abschmecken. Auf jede Zucchinischeibe etwas von der Käsemischung geben und diese zu Röllchen einwickeln, mit einem Zahnstocher fixieren.

■ Die Zucchiniröllchen auf einer Platte anrichten und kurz vor dem Servieren mit einigen Tropfen Limonenöl beträufeln. Nach Belieben mit einigen Limettenscheiben, Oliven und Blüten garnieren.

Tipp: Statt Zucchinischeiben kann man auch getrocknete Tomaten oder gebratene Auberginenscheiben mit der Masse füllen.

Gebackene Auberginenscheiben mit Ziegen-Buscon

2 mittelgrosse Auberginen (ca. 600 g)
Meersalz
Olivenöl extravergine
½ Zitrone, Saft, oder 2 EL Rotweinessig
2 Knoblauchzehen, in feine Scheiben geschnitten
½ Bund glatte Petersilie (Basilikum oder Rucola), gehackt
Pfeffer aus der Mühle
4 Ziegen-Buscon, in dünne Scheiben geschnitten
Kräutermeersalz

■ Die Auberginen waschen und quer in halbzentimeterdicke Scheiben schneiden. Mit Meersalz bestreuen und 30 Minuten auf einem Küchentuch ziehen lassen. Die Auberginenscheiben abtupfen und in 5 Esslöffeln Olivenöl von beiden Seiten braten.

■ Statt die Auberginenscheiben vor dem Braten zu salzen und ziehen zu lassen, kann man sie auch direkt in einer mit Salz ausgestreuten Pfanne ohne Fett braten. (Sie werden so weniger fettig als in der herkömmlichen Variante.)

■ Die Auberginenscheiben abkühlen lassen und auf einer Platte anrichten. Mit Zitronensaft und 1 Esslöffel Olivenöl beträufeln, mit dem Knoblauch und der gehackten Petersilie bestreuen.

■ Die Ziegenkäsescheiben darüber verteilen und mit Pfeffer würzen.

Frischkäseröllchen im Speckmantel mit Zitronenöl und Thymian

150–200 g Ziegenfrischkäse
1 Knoblauchzehe, gepresst
Pfeffer aus der Mühle
gehackte Kräuter (Basilikum, Petersilie, Majoran, Thymian)
10–12 Scheiben (80–100 g) Tiroler Speck oder Rohschinken zum Einwickeln
Pfeffer aus der Mühle
Limonenöl (ersatzweise Olivenöl extravergine mit Zitronensaft)
einige Zweige frischer Thymian (evtl. Zitronenthymian), Blättchen abgezupft

■ Den Frischkäse mit Knoblauch, Pfeffer und gehackten Kräutern nach Belieben mischen und abschmecken. Von Hand zu kleinen Bällchen formen.

■ Die Bällchen mit Speck oder Rohschinken umwickeln und diesen mit einem Zahnstocher fixieren.

■ Mit Limonenöl beträufelt und mit Thymianblättchen bestreut zu einem Glas Wein servieren.

Marinierte Ziegenkäsescheiben

400 g Ziegenkäserolle (französische Spezialität)
4 EL guter Balsamicoessig
8 EL Olivenöl extravergine
Kräutermeersalz, Pfeffer aus der Mühle
wenig flüssiger Honig (Akazienblütenhonig)
3 Knoblauchzehen, gepresst
je 1 EL frische Majoran- und Estragonblättchen
1 Bund Schnittlauch, in Röllchen geschnitten
eingelegte rote oder grüne Pfefferkörner

■ Die Ziegenkäserolle in Scheiben schneiden und diese auf einer Platte auslegen.

■ Den Balsamicoessig und das Olivenöl mit Salz, Pfeffer, Honig und Knoblauch mischen. Den Majoran und den Estragon dazugeben und die Käsescheiben mit der Marinade beträufeln. Etwa 30 Minuten marinieren.

■ Vor dem Servieren mit den Schnittlauchröllchen garnieren und nach Belieben mit eingelegten Pfefferkörnern bestreuen.

Mit Trüffeln gefüllter Ziegen-Camembert

Für 4 Personen als Antipasto

1 Ziegen-Camembert oder Schafsbrie à 125 g
½ kleine schwarze Trüffel
Olivenöl extravergine, beste Qualität
schwarzer Pfeffer aus der Mühle
75 g grob gehackte Baumnüsse (oder Mandelblättchen)

■ Den Käse mit einem Weichkäsemesser (mit höher liegendem Griff und speziell geschliffener Klinge) oder mit Draht in der Mitte quer halbieren.

■ Die Trüffel waschen und mit einem Trüffelhobel in hauchdünne Scheiben hobeln.

■ Die Schnittfläche des Käses mit den Trüffelscheiben belegen und wieder zusammensetzen, 1 Tag im Kühlschrank durchziehen lassen.

■ Vor dem Servieren mit Olivenöl beträufeln, mit schwarzem Pfeffer und mit den gehackten Baumnüssen bestreuen.

Chèvre chaud mit Kräutern

4 Ziegenkäse-Tommes
8 Scheiben Speck
1 Zweig frischer Rosmarin
etwas frischer Salbei
Olivenöl extravergine
Pfeffer aus der Mühle
Oliven nach Belieben

■ Die Käse mit dem Speck umwickeln. Etwas Rosmarin und Salbei zwischen den Speck stecken. Die Käse in eine geölte Gratinform legen. Mit Olivenöl beträufeln und mit Pfeffer bestreuen.
■ Bei 220 Grad 8–12 Minuten backen, bis der Käse zu laufen beginnt. Sofort heiss zusammen mit einem knusprigen Baguette servieren.

Tipp: Mit Limonenöl beträufelt ein Hochgenuss!

Ziegenfrischkäsetürmchen mit Knoblauch und Kräutern

Für ein Buffet – exquisit, aber etwas zeitaufwendig

Pikante Biskuits:
2 Eier
7 EL Weisswein
1 Prise Meersalz
100 g Dinkelruchmehl (Type 1050)
1 TL getrocknete Provencekräuter

Füllung:
200 g Ziegenfrischkäse oder auch mehr
100 g Mascarpone
60–80 g geriebener Schafskäse (Pecorino)
Zitronensaft
etwas Milch, Rahm oder Olivenöl
2–3 Knoblauchzehen, gepresst, nach Belieben
frische Kräuter (z.B. Basilikum, Petersilie, Majoran, Thymian), gehackt
Pfeffer aus der Mühle

Garnitur:
1 Limette
1 Zweig frischer Dill
evtl. Sprossen und Radieschen

■ Für das Biskuit die Eier mit Weisswein und Salz im Wasserbad schaumig schlagen. Das Mehl dazusieben und mit den Provencekräutern würzen. Den Teig auf ein mit Backpapier belegtes Blech streichen.
■ Bei 180 Grad 12–15 Minuten goldgelb backen. Abkühlen lassen. Dann aus dem Teig mit einem runden Ausstecher Rondellen ausstechen.
■ Für die Füllung den Frischkäse mit dem Mascarpone, dem Schafskäse, einigen Tropfen Zitronensaft sowie etwas Milch, Rahm oder Olivenöl glatt rühren. Nach Belieben mit Knoblauch, mit den gehackten Kräutern und Pfeffer abschmecken.
■ Die Käsecreme auf die Biskuitrondellen streichen und 5 bis 7 Stück zu Türmchen aufschichten. Mit einer Limettenscheibe und frischem Dill garniert servieren.

Tipp: Statt dem Mascarpone kann man auch zerdrückte Avocados nehmen.

Chèvre chaud mit Kräutern

Thunfisch-Ziegenkäse-Mousse in Tomaten

250 g Thunfisch in Olivenöl (aus delfinfreundlichem Fang), abgetropft
120 g Caprini (Ziegenfrischkäse)
Pfeffer aus der Mühle
12 kleine sardische Tomaten zum Füllen
Oliven
Petersilie oder andere Kräuter als Garnitur

■ Den Thunfisch zusammen mit dem Ziegenkäse im Mixer oder Cutter zu einer homogenen Mousse verarbeiten. Mit Pfeffer abschmecken.
■ Von den Tomaten einen Deckel abschneiden oder halbieren, aushöhlen und umgedreht abtropfen lassen.
■ Die Masse mit dem Spritzsack in die ausgehöhlten Tomaten füllen. Mit Oliven und Kräutern garnieren.

Tipp: Die Mousse kann man auch sehr gut in Windbeutel füllen. Erst kurz vor dem Servieren füllen.

Rotweinfeigen mit Roquefortfüllung

Eine elegante und feine Vorspeise

Feigen
300 ml Rotwein
100 ml Gemüsebouillon
½ TL schwarze Pfefferkörner, zerdrückt
2 Gewürznelken
3 EL Portwein
2 TL Akazienblütenhonig
4 frische, reife, grosse Feigen, geviertelt

Füllung:
100 g Roquefort
125 g Magerquark

30 g kalte Butter in Stücken

■ Für die Feigen Rotwein, Gemüsebouillon und die Gewürze zusammen aufkochen und alles auf 300 ml einkochen lassen. Absieben und die Flüssigkeit wieder in die Pfanne geben. Den Portwein hinzufügen und den Sud nochmals aufkochen. Zuletzt den Honig dazugeben.
■ Die geviertelten Feigen mit dem heissen Sud übergiessen und darin abkühlen lassen.
■ Für die Füllung den Roquefort mit dem Quark glatt rühren. Die Masse in einen Spritzsack füllen und in die Mitte der Teller dressieren. Die Feigenviertel daranlehnen.
■ Die Rotweinsauce nochmals aufkochen, vom Herd nehmen und die kalte Butter sorgfältig darunter rühren, bis die Sauce schön sämig ist. Die Feigen damit beträufeln.

Überbackene Roquefortbirnen

4 Birnen
1 EL Olivenöl extravergine
1 EL Dinkelruchmehl (Type 1050)
100 ml Weisswein
200 ml Gemüsebouillon
150 g Roquefort, gewürfelt, für die Sauce
Meersalz, Pfeffer aus der Mühle
50 g Roquefort, gewürfelt, als Belag
8 Scheiben Schinken (nach Belieben)
1 EL Baumnusskerne

■ Die Birnen halbieren, das Kerngehäuse entfernen und die Früchte in etwas Wasser bissfest vorkochen.
■ Das Öl erhitzen, das Mehl dazugeben, kurz andünsten, mit Wein und Bouillon ablöschen. Unter Rühren aufkochen. Auf mittlerem Feuer 5 Minuten kochen lassen.
■ Den Roquefort würfeln und zur Sauce geben. Weitere 5 Minuten köcheln lassen.
■ Die Sauce in eine Gratinform oder in Portionengratinformen giessen. Die Birnenhälften mit der ausgehöhlten Seite nach oben hineinlegen und mit dem Schinken, den restlichen Roquefortwürfeln und den Baumnusskernen belegen.
■ Bei 200 Grad rund 10 Minuten überbacken.

Tipp: Passt sehr gut zu Wild oder zu Lammfilet.

Crostini mit Avocado und Roquefort

Für 4 Personen oder ca. 20 Häppchen

1 reife Avocado
1 EL weisser Balsamicoessig
wenig Zitronensaft
100 g Roquefort, klein gewürfelt
Pfeffer aus der Mühle
4–6 Baguettebrotscheiben
etwas Olivenöl
nach Belieben Sprossen, Rucola, geröstete Kürbiskerne

■ Die Avocado halbieren, entsteinen und schälen. Das Fruchtfleisch zerdrücken und mit Balsamicoessig und Zitronensaft mischen. Mit den Roquefortwürfeln vermengen und mit Pfeffer abschmecken.
■ Die Brotscheiben auf einem mit Backpapier ausgelegten Blech bei 220 Grad im Ofen 5–8 Minuten rösten. Sofort mit wenig Olivenöl beträufeln und mit der Avocadomasse bestreichen.
■ Nach Belieben mit Sprossen oder Rucola oder gerösteten Kürbiskernen bestreuen.

Bruschette mit Ziegenfrischkäse, Pesto und Oliven

4–6 Scheiben Baguette
160 g Ziegenfrischkäse nach Marktangebot
4 EL Basilikumpesto (selbst gemacht oder fertig gekauft)
einige schwarze griechische Oliven
1 Knoblauchzehe, in feine Scheibchen gehobelt
1 EL Olivenöl extravergine
Pfeffer aus der Mühle

■ Die Brotscheiben im Ofen bei 220 Grad kurz knusprig rösten.

■ Die gerösteten Brotscheiben mit dem Ziegenkäse bestreichen, mit einem Klecks Pesto, einer schwarzen Olive und einem Knoblauchscheibchen belegen. Mit wenig Olivenöl beträufeln und etwas Pfeffer darüber mahlen.

Bruschetta mit Ziegenricotta

6 Scheiben wenn möglich toskanisches Bauernbrot oder Ruchbrot (dunkles Brot)
2 EL Olivenöl extravergine
300 g Ziegenricotta
120 g Fontina, gerieben
2 Eier
Muskatnuss
Meersalz, Pfeffer aus der Mühle

■ Die Brotscheiben auf einem Backblech im 200 Grad heissen Ofen kurz (2 Minuten) erwärmen. Einmal wenden und die heissen Brotscheiben mit Olivenöl bestreichen.

■ Den Ricotta mit dem Fontina, den Eiern und Gewürzen mischen und die Masse auf die Brotscheiben streichen. Diese nochmals 15 Minuten im Ofen überbacken und heiss servieren.

Avocado-Ziegenkäse-Paste auf Bauernbrot

Paste:
2 kleine reife Avocados
120 g Ziegenfrischkäse
½ Zitrone, Saft
1 Knoblauchzehe, gepresst
2 EL Olivenöl extravergine
Kräutermeersalz, Pfeffer aus der Mühle

1 kleine Zucchini, längs in feine Scheiben gehobelt
Sesam- oder Olivenöl extravergine
Zitronensaft
Alfalfasprossen

8 Scheiben Bauernbrot, frisch oder geröstet

■ Die Avocados halbieren, entsteinen und grob würfeln. Zusammen mit den übrigen Zutaten zur Paste einmal kurz mit dem Stabmixer pürieren und abschmecken.

■ Die Zucchinischeiben kurz in heissem Sesam- oder Olivenöl braten, salzen und mit einigen Tropfen Zitronensaft beträufeln.

■ Die Avocadomasse auf die Brotscheiben streichen und mit den gebratenen Zucchinischeiben und Sprossen garniert servieren.

Spargelcrostini mit Ziegen-Camembert

Für 4–6 Personen als Apérohappen

12 Scheiben Baguettebrot, ca. 1 cm dick geschnitten
2 EL Olivenöl extravergine
1 Knoblauchzehe, gepresst

Belag:
450 g grüne Spargeln
Olivenöl extravergine
Meersalz, Pfeffer aus der Mühle
100 g Ziegen-Camembert, in Scheiben geschnitten
nach Belieben 50 g Rohschinken, in kleine Quadrate geschnitten

■ Die Baguettescheiben auf ein mit Backpapier belegtes Blech legen und 5–8 Minuten bei 200 Grad im Ofen rösten. Mit Olivenöl beträufeln und mit Knoblauch bestreichen.
■ Die Spargeln im unteren Drittel schälen und frisch anschneiden. Dicke Stangen längs halbieren und alle schräg in 2 mm dicke Scheiben schneiden. In Olivenöl knapp weich dünsten, mit Salz und Pfeffer abschmecken.
■ Die Spargeln auf die Brotscheiben verteilen, mit dem Camembert und zuletzt dem Rohschinken belegen. Im Ofen bei 200 Grad 5 Minuten überbacken. Sofort servieren.

Ziegenkäsetoast mit Pfeffer und Thymian

8 Scheiben Baguettebrot, schräg in Scheiben geschnitten
ca. 100 g Ziegenfrischkäse
frischer Thymian, abgezupfte Blättchen
Pfeffer aus der Mühle
Olivenöl extravergine zum Beträufeln

■ Die Brotscheiben mit dem Ziegenkäse bestreichen, die Thymianblättchen darauf verteilen und mit Pfeffer würzen.
■ Im Ofen bei 210 Grad 10 Minuten überbacken. Mit Olivenöl beträufelt servieren
■ Diese Toasts passen sehr gut zu einem Salat oder zu einer Suppe (z.B. Tomatensuppe).

Ziegenkäsetoast mit Bohnenkraut

4 Scheiben Brot
150 g Ziegenkäse (Chèvre bûche)
frisches Bohnenkraut, abgezupfte Blätter
Pfeffer aus der Mühle

■ Die Brotscheiben mit dem Ziegenkäse bestreichen, das Bohnenkraut darauf verteilen und mit Pfeffer würzen.
■ Im Ofen bei 250 Grad 5 Minuten überbacken.

Tipp: Versuchen Sie diesen einfachen Toast auch einmal mit Limonenöl beträufelt!

Marokkanischer Gurkensalat mit Pfefferminze und Rucola

2 kleine Salatgurken (ca. 400 g, Nostrano)
1 grosser Bund Rucola (ca. 80–100 g)
1 Zweig frische Pfefferminze, grob gehackt
1 Zitrone, Saft
4 EL Olivenöl extravergine
Meersalz, Pfeffer aus der Mühle
Ziegenkäse nach Angebot (z.B. Feta), in Würfel geschnitten

- Die Gurken schälen und in Würfel schneiden. Den Rucola in Streifen schneiden.
- Gurkenwürfel, Rucola und Pfefferminze mischen und mit Zitronensaft, Olivenöl, Salz und Pfeffer abschmecken.
- Die Käsewürfel darunter mischen und sofort servieren.

Tipp: Falls verfügbar, den Salat mit Blüten (z.B. Kapuzinerkresseblüten oder abgezupften Ringelblumenblütenblättern) bestreuen.

Lauwarmer Ziegenkäse in Kräuterkruste

Lauwarmer Ziegenkäse in Kräuterkruste mit Löwenzahnsalat

200 g junge Löwenzahnblätter

Sauce:
2 Knoblauchzehen, gehackt
1 TL Senf
1 EL Zitronensaft, frisch gepresst
1 TL alter Balsamicoessig
4–5 EL Olivenöl extravergine
Meersalz, Pfeffer aus der Mühle

4 kleine Ziegenfrischkäse
1–2 Knoblauchzehen, gehackt
3 EL Olivenöl extravergine
3 EL gemahlene Haselnüsse
2 EL Paniermehl
3 EL gemischte Kräuter (Thymian, Basilikum, Petersilie, Basilikum, Rosmarin), fein gehackt
½ Zitrone (unbehandelt), abgeriebene Schale
Kräutermeersalz, Pfeffer aus der Mühle

- Die Löwenzahnblätter waschen, trockenschleudern, je nach Grösse ganz lassen oder in Streifen schneiden und auf vier Teller verteilen.
- Alle Zutaten zur Sauce mischen und bereithalten.
- Für die Kräuterkruste Knoblauch, Olivenöl, Haselnüsse, Paniermehl, die Kräuter und die abgeriebene Zitronenschale mischen. Die Masse auf die vier Käse verteilen und diese im 220 Grad heissen Backofen zirka 5 Minuten überbacken, bis die Kruste leicht knusprig ist.
- Den Salat mit der Sauce beträufeln und etwas durchziehen lassen. Die Ziegenkäslein darauf anrichten.

Lauchsalat mit Roquefort und Oliven an Himbeervinaigrette

Für 4 Personen als leichte Vorspeise

2 mittelgrosse Stangen Lauch
5 getrocknete Tomaten
200 ml Gemüsebouillon
100 g Roquefort oder Buscon, in Würfel geschnitten
10 Baumnüsse, halbiert
12 schwarze Oliven

Sauce:
2–3 EL Himbeeressig
1 TL Senf
1 Msp. abgeriebene Zitronenschale
4–5 EL Olivenöl extravergine
1 EL gehackte glatte Petersilie
Pfeffer aus der Mühle

■ Den Lauch putzen und schräg in 2 cm breite Stücke schneiden. Die Tomaten in Streifen schneiden und zusammen mit dem Lauch über Dampf oder in wenig Gemüsebouillon 6–8 Minuten knackig dämpfen. Die Bouillon abgiessen und für eine Suppe verwenden.

■ Für die Sauce alle Zutaten mischen, glatt rühren und mit dem Lauch vermengen. 15 Minuten marinieren lassen, dann mit den Roquefortwürfeln, den Baumnusskernen und Oliven garniert servieren.

Tipp: Der Salat kann auch mit einem anderen Käse zubereitet werden.

Brunnenkressesalat mit Tomaten und Roquefortdressing

120 g Brunnenkresse
4 sonnengereifte Freilandtomaten, geviertelt

Dressing:
50 g Roquefort
2 EL Olivenöl extravergine
2 EL Rotweinessig
1 TL Sojasauce
Pfeffer aus der Mühle
1 Knoblauchzehe, gepresst
1 EL Sonnenblumen- oder Kürbiskerne, geröstet, nach Belieben

■ Die Brunnenkresse waschen und grobe Stiele entfernen.

■ Brunnenkresse und Tomatenviertel auf den Tellern anrichten.

■ Für die Sauce alle Zutaten zu einer glatten Sauce mixen und über den Salat träufeln.

■ Nach Belieben mit leicht gerösteten Sonnenblumenkernen bestreuen.

Lauchsalat mit Roquefort und Oliven an Himbeervinaigrette

Spinatsalat mit Grapefruit und Feta

150–200 g frischer junger Blattspinat
1 rosa Grapefruit, filetiert
100 g Feta, Roquefort oder anderer Ziegenkäse
1 rote Zwiebel, gewürfelt oder in Ringe geschnitten
10 Baumnusskerne, grob gehackt

Sauce:
1 TL Senf
2 EL Grapefruitsaft
1 EL Zitronensaft
1 Knoblauchzehe, gepresst
5 EL Olivenöl extravergine
Meersalz, Pfeffer aus der Mühle

50 g Speck, in Streifen geschnitten, nach Belieben

■ Junge, zarte Spinatblätter ganz lassen, gröbere Blätter (Winterspinat) von den Stielen zupfen und in feine Streifen schneiden.
■ Die Spinatblätter mit den Grapefruitfilets, den Ziegenkäsewürfeln, Zwiebel und Baumnüssen mischen.
■ Senf, Grapefruitsaft, Zitronensaft, wenig Salz und Olivenöl zu einer Sauce verrühren. Den Salat damit mischen.
■ Die Speckstreifen kurz in einer heissen Pfanne ohne Fett knusprig braten und über den Salat verteilen, mit Pfeffer bestreuen und sofort servieren.

Rotkohlsalat mit Honig, Cashewkernen und Schafskäse

400 g Rotkohl, sehr fein geschnitten oder gehobelt
1½ EL Balsamicoessig
2 EL Nussöl
2–3 EL Olivenöl extravergine
Meersalz, Pfeffer aus der Mühle
1 EL Honig
50 g Cashewkerne, grob gehackt
100 g Schafmilchfeta, in Würfel geschnitten
glattblättrige Petersilie als Garnitur

■ Den Rotkohl mit Balsamicoessig, Nussöl und Olivenöl mischen, salzen, pfeffern und den Honig dazugeben. Alles am besten von Hand gut vermengen und mindestens 1 Stunde durchziehen lassen.
■ Den Salat nochmals abschmecken, auf Teller verteilen und mit den gehackten Cashewkernen und den Fetawürfeln bestreuen. Mit ganzen Petersilienblättern bestreuen.

Spinatsalat mit Grapefruit und Feta

Fenchelsalat mit Roquefort und Oliven

1 grosse Fenchelknolle, halbiert, fein geschnitten
2 rosa Grapefruits, filetiert
1–2 EL schwarze Oliven, nach Belieben
3–4 EL Olivenöl extravergine
Meersalz, Pfeffer aus der Mühle
150–200 g Roquefort
evtl. wenig Zitronensaft zum Abschmecken
Fenchelgrün für die Garnitur

■ Den Fenchel mit den Grapefruitfilets mischen. Die Oliven dazugeben und alles mit Olivenöl, Salz und Pfeffer abschmecken.
■ Die Roquefortwürfel darunter mischen und mit gehacktem Fenchelgrün bestreuen. Nach Geschmack und nach Süsse der Grapefruits mit wenig Zitronensaft beträufeln.

Avocado-Birnen-Carpaccio mit Roquefort

2 reife Avocados
2 reife Birnen
1 Zitrone, Saft
4 EL Olivenöl extravergine oder Olivenöl mit Baumnussöl gemischt
Pfeffer aus der Mühle
100 g Roquefort, zerbröckelt
1 Bund Schnittlauch, fein geschnitten

■ Die Avocados schälen, entsteinen und das Fruchtfleisch in dünne Schnitze schneiden.
■ Die Birnen schälen, entkernen und ebenfalls in dünne Scheiben schneiden.
■ Birnen- und Avocadoschnitze fächerartig auf den Tellern anrichten, mit Zitronensaft und Olivenöl beträufeln und Pfeffer darüber mahlen.
■ Den Roquefort darüber verteilen und mit Schnittlauchröllchen garnieren.

Tipp: Für Liebhaber pikanter Speisen statt der Birnen in feine Streifen geschnittenen Rucola als Unterlage verwenden und darauf die Avocadostücke und den Roquefort verteilen. Nach Belieben mit gerösteten Kürbiskernen bestreuen.

Toskanischer Bauernsalat mit Pecorino

1 Salatgurke oder 2 kleine Gurken (Nostrano), geschält, in Würfel oder Scheiben geschnitten
1 rote Zwiebel, in Ringe geschnitten
je 1 gelbe und rote Peperoni (Paprika), gewürfelt
2 Tomaten, in Würfel geschnitten
12 schwarze Oliven
100 g junger Pecorino, in Würfel geschnitten

Sauce:
1 grosse Zitrone, Saft
6 EL Olivenöl extravergine
Kräutermeersalz, Pfeffer aus der Mühle

glatte Petersilie, grob gehackt

Alle Salatzutaten mit der angerührten Sauce mischen und sofort servieren.

Mais-Peperoni-Salat mit Feta

250 g Maiskörner (Dose) oder Körner von 2 frischen Maiskolben
je ½ rote und grüne Peperoni (Paprika), gewürfelt
1 kleine Salatgurke (Nostrano), geschält und gewürfelt
1 rote Zwiebel, in Scheiben geschnitten
150 g Feta, in Würfel geschnitten

Sauce:
4–5 EL Olivenöl extravergine
3 EL Rotweinessig
1 Knoblauchzehe, gepresst
1 EL fein gehackte glatte Petersilie
evtl. wenig frische Minze, fein geschnitten
Kräutermeersalz, Pfeffer aus der Mühle

- Maiskörner, Peperoni, Gurken und Zwiebel mischen.
- Alle Zutaten zur Sauce verrühren, über den Salat giessen, die Fetawürfel dazugeben und mischen.

Tipp: Wird frischer Zuckermais verwendet, die Körner von den Kolben schneiden und 3–4 Minuten in wenig Salzwasser kochen.

Bohnen-Avocado-Salat mit Roquefort

Für 2 Personen als Hauptmahlzeit oder für 4 Personen als Vorspeise

250 g grüne Bohnen
1 reife Avocado
1 kleine Zwiebel, gehackt
1 Bund Rucola (70 g), in feine Streifen geschnitten
80–100 g Roquefort oder Feta, in Würfeln

Sauce:
2 EL Himbeeressig oder Zitronensaft
3–4 EL Olivenöl extravergine
1–2 Knoblauchzehen, gepresst, nach Belieben
Kräutermeersalz, Pfeffer aus der Mühle

evtl. einige Cherrytomaten als Garnitur

- Die Bohnen rund 15 Minuten in wenig Salzwasser kochen, kurz kalt abschrecken und abtropfen lassen.
- Die Avocado halbieren, entsteinen und in Würfel schneiden.
- Die Bohnen mit den Avocado- und Zwiebelwürfeln, dem Rucola und Roquefort mischen.
- Essig oder Zitronensaft, Olivenöl, Knoblauch, Kräutermeersalz und Pfeffer verrühren. Den Salat damit mischen, mit Cherrytomaten garnieren und sofort servieren.

Toskanische Brotbällchen mit Pecorino

250 g Brot ohne Rinde (Ruchbrot/dunkles Brot oder altbackenes Baguette)
4 Eier
50 g milder Schafmilchkäse (z.B. Pecorino), gerieben
1 kleine Zwiebel, gehackt
1 Knoblauchzehe, gepresst
2 EL gehackte glatte Petersilie
1 kleiner getrockneter roter Peperoncino, gehackt, nach Belieben
Meersalz

Olivenöl

■ Das Brot zerkrümeln und mit den aufgeschlagenen Eiern und den restlichen Zutaten mischen.
■ Aus der Masse baumnussgrosse Bällchen formen, in Olivenöl rundum anbraten und auf Küchenkrepp abtropfen lassen.
■ Eine Tomatensauce zubereiten und die gebratenen Bällchen darin 10–15 Minuten leise ziehen lassen. Zusammen mit einem Salat oder Gemüse nach Angebot (z.B. Lauch) servieren.

Toskanische Brotbällchen mit Pecorino

Pikanter Zucchinikuchen mit Pecorino

400 g Zucchini
2 EL Olivenöl extravergine
1 Knoblauchzehe, gepresst
12 Blätter Basilikum, fein geschnitten
1 Hand voll glattblättrige Petersilie, gehackt
Kräutermeersalz
2 Eier
100 ml Rahm
40 g Pecorino oder Caprino, fein gerieben
Pfeffer aus der Mühle
Olivenöl
Basilikum

■ Die Zucchini an beiden Enden kappen und mit einem Gemüsehobel in feine Scheiben hobeln.
■ Den Knoblauch im Olivenöl andünsten, die Zucchinischeiben dazugeben und unter Rühren kurz dünsten. Mit den Kräutern und mit Salz abschmecken. Leicht auskühlen lassen.
■ Eier und Rahm verrühren und zusammen mit dem Pecorino mit den Zucchini mischen. Abschmecken.
■ Die Masse in eine geölte Form füllen und bei 220 Grad im Backofen 15–20 Minuten backen (mit Umluft 10–12 Minuten). Lauwarm oder kalt, mit etwas frischem Olivenöl beträufelt und mit Basilikum garniert, servieren.

Tipp: Zum Schluss mit etwas Limonenöl beträufelt erhält der Zucchinikuchen eine besondere Note!

Gefüllte Zucchini mit gebratenen Salbeiblättern

4 Zucchini à ca. 200 g

Füllung:
1 grosse Zwiebel, fein gehackt
½ EL getrocknete Provencekräuter
2 EL Olivenöl extravergine
150 g Ziegenfrischkäse nach Angebot, zerpflückt
80 g Pecorino romano, gerieben
1 Eigelb
2 EL Kürbiskerne, gehackt
Meersalz, Pfeffer aus der Mühle
wenig abgeriebene Zitronenschale
1 Eiweiss
100 ml Gemüsebouillon für die Form
5 Salbeiblätter, fein geschnitten

■ Die Zucchini an beiden Seiten kappen, längs halbieren und aushöhlen.
■ Das ausgelöste Fruchtfleisch fein hacken, zusammen mit den Zwiebelwürfeln und den Provencekräutern im Olivenöl 6–8 Minuten dämpfen. Etwas auskühlen lassen, dann mit dem zerpflückten Ziegenfrischkäse und dem Pecorino, dem Eigelb und den Kürbiskernen mischen. Mit Salz, Pfeffer und etwas Zitronenschale abschmecken.
■ Das Eiweiss zu steifem Schnee schlagen, unter die Masse ziehen und diese in die leicht gesalzenen Zucchini verteilen.
■ Die gefüllten Zucchini in eine Form geben, die Bouillon dazugiessen. Bei 200 Grad im Backofen rund 30 Minuten backen.
■ Die Salbeiblätter in Olivenöl kurz braten und über die gebackenen Zucchini streuen.

Tipp: Wer die Zucchini etwas weicher möchte, kann diese vor dem Füllen etwa 2 Minuten über Dampf oder in wenig Gemüsebouillon dünsten.

Gefüllte Zucchini mit gebratenen Salbeiblättern

Gefüllte Tomaten mit Roquefort

Als leichte Vorspeise oder bei doppelter Menge als Hauptgericht für 4 Personen

4 sonnengereifte Tomaten
1 kleine Zwiebel, gehackt
1 Knoblauchzehe, gepresst
1 EL Olivenöl extravergine
200 g frischer Blattspinat oder 150 g tiefgekühlter Spinat
Kräutermeersalz, Pfeffer aus der Mühle
100 g Roquefort oder Feta, zerdrückt, oder Ziegenfrischkäse nach Wahl
1 EL gehackter Basilikum
2–3 EL geriebener Pecorino romano

■ Die Tomaten quer halbieren und mit dem Grapefruitmesser oder einem Teelöffel aushöhlen. Das Fruchtfleisch für eine Sauce (z.B. für die Brotbällchen in Tomatensauce) oder für eine Suppe verwenden.
■ Die Tomatenhälften in eine geölte Gratinform setzen.
■ Zwiebel und Knoblauch im Olivenöl kurz andünsten. Den gewaschenen Spinat tropfnass dazugeben und 2–3 Minuten zusammenfallen lassen. Mit Kräutermeersalz und Pfeffer abschmecken.
■ Den Spinat auf einem Sieb kurz abtropfen lassen, dann mit dem Wiegemesser fein hacken. Die Roquefortwürfel und den Basilikum darunter mischen. Die Masse abschmecken und in die Tomatenhälften verteilen. Mit geriebenem Pecorino bestreuen und bei 180 Grad 15–20 Minuten überbacken. Zusammen mit Reis oder als leichte Mahlzeit mit einem Salat servieren.

Griechische Kichererbsen-Feta-Bällchen mit Limonensauce

130 g getrocknete Kichererbsen
200 g altbackenes Weissbrot ohne Rinde
50 g Feta oder Ziegenfrischkäse nach Angebot
½ kleine Zwiebel, fein gehackt
2 EL gehackte glattblättrige Petersilie
2 EL Olivenöl extravergine
Thymianblättchen, gehackt
Kreuzkümmel, gemahlen
Meersalz, Pfeffer aus der Mühle
Olivenöl zum Ausbacken

Limonensauce:
1 ungespritzte Limone (oder Zitrone), Saft und abgeriebene Schale
1 Prise Meersalz
etwas frisch gemahlener Pfeffer
5 EL Olivenöl extravergine
100 g Crème fraîche

■ Die Kichererbsen über Nacht in reichlich Wasser einweichen. Am nächsten Tag abgiessen.
■ Das Brot in kleine Würfel schneiden und in wenig Wasser ebenfalls kurz einweichen.
■ Das Brot gut ausdrücken und zusammen mit den Kichererbsen im Cutter fein hacken.
■ Den Feta mit einer Gabel zerdrücken und mit den übrigen Zutaten unter die Kichererbsenmasse mischen. Mit Pfeffer und falls nötig wenig Salz abschmecken.

Gefüllte Tomaten mit Roquefort

■ Aus der Masse nicht zu grosse Bällchen oder Puffer formen und diese kurz in reichlich heissem Olivenöl ausbacken. Auf Küchenkrepp abtropfen lassen.
■ Alle Zutaten zur Sauce verrühren und mit einem Salat zu den Bällchen servieren.

Tipp: Die Kichererbsenbällchen schmecken kalt ebenso gut wie warm.

Spinatpfannkuchen mit Feta

Für 8–10 Pfannkuchen

Pfannkuchenteig:
200 ml Milch
2 Eier
125 g Dinkelvollkornmehl oder Ruchmehl (Type 1050)
1–2 EL Olivenöl extravergine
½ TL Meersalz
Olivenöl oder Bratbutter zum Braten

Spinat-Feta-Füllung:
500 g frischer Blattspinat, geputzt
1 TL Olivenöl extravergine
1–2 Knoblauchzehen, gepresst
Kräutermeersalz, Pfeffer aus der Mühle
200 g Feta oder Ziegenfrischkäse nach Wahl, in Würfel geschnitten

■ Für den Teig alle Zutaten glattrühren und 30 Minuten quellen lassen. In einer beschichteten Bratpfanne oder in einer Crêpepfanne Pfannkuchen ausbacken. Noch heiss aufrollen, damit sie nachher nicht brechen.
■ Den tropfnassen Spinat in einer weiten Pfanne mit dem erwärmten Olivenöl kurz zusammenfallen lassen, mit Knoblauch, Salz und Pfeffer würzen. Abtropfen lassen und mit dem Feta mischen.
■ Die Pfannkuchen damit füllen und aufrollen. Zum Erwärmen kurz in den Ofen stellen oder auch lauwarm oder kalt, in Stücke geschnitten, servieren.

Panierter spanischer Manchego

200–250 g fester spanischer Schafskäse
z.B. Manchego) oder Schafmilch-Halbhartkäse
1 grosses Ei
Muskatnuss, Nelkenpulver
1 EL Dinkelruchmehl (Type 1050)
2 EL Paniermehl (evtl. aus Vollkornbrot)
3 EL Olivenöl extravergine

1 Zweig glattblättrige Petersilie
einige Zitronenviertel

■ Den Käse in Würfel von etwa 2 x 2 cm schneiden.
■ Das verquirlte Ei mit Muskatnuss und einer Prise Nelkenpulver abschmecken.
■ Die Käsewürfel zuerst in Mehl, dann im Ei und zuletzt im Paniermehl wenden und sofort im heissen Olivenöl von allen Seiten 2–3 Minuten knusprig braten.
■ Auf Salat anrichten, mit Petersilienblättern garnieren und sofort servieren.

Kastaniensoufflé mit Rosmarin und Pecorino

1 EL Olivenöl extravergine
1 Zwiebel, fein gehackt
1 kleiner Zweig Rosmarin, Nadeln fein gehackt
250 g gekochte Kastanien
3 Eier, getrennt
100 g Butter, flüssig, oder 80 ml Olivenöl
3 EL Pecorino romano, fein gerieben
½ Zitrone, unbehandelt, abgeriebene Schale, oder 1 EL Limonenöl
Kräutermeersalz, Pfeffer aus der Mühle
Olivenöl für die Form

■ Die Zwiebel im Olivenöl kurz glasig dünsten, die gehackten Rosmarinnadeln und die Kastanien dazugeben und kurz mitdünsten. Alles im Cutter fein hacken.
■ Die Eigelbe mit der flüssigen Butter oder dem Olivenöl mischen. Das Eiweiss zu steifem Schnee schlagen.
■ Die Eigelbölmischung unter die Kastanienmasse rühren und mit Pecorino, Zitronenschale, Pfeffer und Kräutermeersalz abschmecken.
■ Den Eischnee darunter ziehen und die Masse in 4–6 kleine, gut ausgefettete Portionen-Souffléförmchen füllen. Im Wasserbad in der Mitte des Ofens bei 180 Grad etwa 45 Minuten pochieren.

Tipp: Die fertigen Soufflés mit Limonenöl beträufeln – schmeckt himmlisch!

Penne mit Zucchini-Ziegenkäse-Sauce

400 g Penne
Olivenöl

Zucchini-Ziegenkäse-Sauce:
400 g Zucchini
2 EL Zitronensaft
½–1 Bund Basilikum, gehackt
1 Hand voll glatte Petersilie, gehackt
1–2 Knoblauchzehen, gepresst
2 Eigelb
150 g Ziegenfrischkäse, zerbröckelt
2–4 EL Olivenöl extravergine
Meersalz, Pfeffer aus der Mühle

Pecorino romano, gerieben

■ Die Penne in reichlich Salzwasser mit einem Schuss Olivenöl rund 10 Minuten al dente kochen.
■ Für die Sauce die Zucchini an beiden Seiten kappen, in Würfel schneiden und über dem Dampf etwa 8 Minuten dünsten. Die Zucchiniwürfel pürieren und abkühlen lassen. Dann mit den restlichen Zutaten mischen und alles nochmals mit dem Stabmixer pürieren.
■ Die gekochten Penne mit der Sauce mischen und mit frisch geriebenem Pecorino bestreuen.

Spaghetti mit Barba di frate, Ziegenfrischkäse und Shiitakepilzen

Spaghetti mit Barba di frate, Ziegenfrischkäse und Shiitakepilzen

2 Bund Barba di frate (Kapuzinerbart)
400 g Spaghetti
Olivenöl extravergine
250 g frische Shiitakepilze
Salz, Pfeffer aus der Mühle
100–150 g Ziegenfrischkäse, grob zerdrückt
nach Belieben wenig getrocknete oder frische Pfefferschote, fein zerrieben
wenig abgeriebene Zitronenschale
etwas Mandarinenöl

■ Vom Barba di frate den unteren Teil samt Wurzeln grosszügig (lieber zu viel als zu wenig) abschneiden, auch alle rosaroten Stiele entfernen. Gründlich waschen.
■ Die Spaghetti in reichlich Salzwasser mit einem Teelöffel Olivenöl al dente kochen. Die Barba di frate nach 4 Minuten zu den Spaghetti geben und mitkochen. Alles zusammen abschütten.
■ Die Shiitakepilze feucht abbreiben, halbieren oder in Scheiben schneiden und in Olivenöl kurz braten. Salzen und pfeffern.
■ Die Pilze und den Käse unter die fertig gegarten Spaghetti mischen, nach Belieben mit wenig Pfefferschote, mit etwas abgeriebener Zitronenschale oder/und Mandarinenöl abschmecken und mit Olivenöl beträufeln.

Tipp: Barba di frate (Kapuzinerbart) ist eine vor allem in Italien geschätzte Wegerichart mit grasähnlichen, langen Blättern. Saison von Februar bis März/April. Bei uns erhältlich in gut sortierten Gemüseläden und gelegentlich auf dem Markt.

Risotto mit Lauch, Ziegenkäse und Avocado

1 Zwiebel oder 2 kleine Schalotten, fein gehackt
2 EL Olivenöl extravergine
300 g Risottoreis
100 ml Weisswein
ca. 800 ml Gemüsebouillon, heiss
300 g Lauch, in feine Ringe geschnitten
150 g Roquefort oder Ziegenfrischkäse, zerpflückt
2 EL fein gehackte glatte Petersilie
Meersalz, Pfeffer aus der Mühle
Muskatnuss

1 Avocado, nach Belieben
Ziegenformagella oder Schafmilch-Halbhartkäse zum Bestreuen
Olivenöl extravergine zum Beträufeln

■ Die Zwiebel oder Schalotte im Olivenöl glasig dünsten, den Reis dazugeben und ebenfalls glasig dünsten, mit dem Weisswein ablöschen. Nach und nach mit der Bouillon aufgiessen und den Reis während rund 12 Minuten leise kochen lassen. Immer wieder umrühren.

■ Den Lauch nach 10–12 Minuten zum Reis geben, falls nötig noch etwas Bouillon nachgiessen und alles weitere 10–12 Minuten kochen lassen.

■ Zuletzt den Roquefort oder Ziegenfrischkäse darunter mischen und mit Petersilie, Salz, Pfeffer und Muskatnuss abschmecken. Nach Belieben noch etwas Bouillon nachgiessen.

■ Nach Belieben eine in kleine Würfel geschnittene Avocado und/oder etwas frisch geriebenen Ziegenformagella unter den fertig gegarten Risotto mischen.

Tipp: Den Risotto lieber zu feucht als zu trocken servieren.

Farfalle mit Haselnüssen, Lauch und Ziegenfrischkäse

100 g Haselnüsse
400 g feine Lauchstangen
2 EL Olivenöl extravergine
100 ml Weisswein
300 ml Gemüsebouillon
Muskatnuss, Pfeffer aus der Mühle
150–200 g Ziegenfrischkäse oder Roquefort nach Belieben
400 g Farfalle
Olivenöl extravergine oder Haselnussöl zum Abschmecken
glatte Petersilie oder Rucola, gehackt

■ Die Haselnüsse in einer Pfanne ohne Fett rösten, bis die Häutchen aufspringen. Die Nüsse herausnehmen, etwas abkühlen lassen und in einem Küchentuch die Häutchen abreiben. Die Nüsse grob hacken.

■ Die Lauchstangen längs halbieren und dann in feine Streifen schneiden. Die Hälfte davon in 1 Esslöffel Olivenöl andämpfen, mit dem Wein ablöschen und diesen auf die Hälfte einkochen lassen. Mit der Bouillon auffüllen und 10 Minuten kochen lassen, mit Muskatnuss und Pfeffer abschmecken.

Zuletzt den grob zerdrückten Ziegenkäse oder Roquefort darunter mischen.

■ Die Teigwaren in reichlich Salzwasser al dente kochen. Den restlichen Lauch während etwa 8 Minuten mit den Nudeln mitkochen.

■ Die Nudeln abgiessen, unter die Sauce mischen und mit den gehackten Nüssen und etwas Haselnussöl oder Olivenöl abschmecken. Mit Petersilie oder nach Belieben auch mit Rucola bestreuen.

Variante: Eine reife Avocado in Würfel schneiden und zuletzt unter die Pasta mischen.

Penne mit Fave, Ziegenfrischkäse und Rucola

400 g Dicke Bohnen (Fave), evtl. tiefgekühlt
400 g Penne
4 EL Olivenöl extravergine
4 Tomaten, gehäutet, entkernt und gewürfelt
150 g Ziegenfrischkäse, grob zerteilt
Meersalz, Pfeffer aus der Mühle
1 Bund Rucola, fein geschnitten
2 EL Grapefruitöl

■ Die Dicken Bohnen aus den Hülsen lösen.

■ Die Penne in reichlich Salzwasser mit einem Schuss Olivenöl nach Anleitung (ca. 10 Minuten) al dente kochen. Die tiefgekühlten oder frischen Bohnen 8 Minuten mitkochen. Abgiessen und abtropfen lassen.

■ Das Olivenöl in einer Pfanne erhitzen, die Teigwaren mit den Bohnen darin kurz schwenken, die Tomatenwürfel und den Käse dazugeben, kurz erwärmen. Mit Salz, Pfeffer und dem fein geschnittenen Rucola mischen. Nach Belieben mit Grapefruitöl verfeinern und sofort servieren.

Tipp: Dicke Bohnen, in Italien unter dem Name Fave bekannt, sind eine Hülsenfruchtart. Man findet sie in der Saison (Frühsommer) vor allem in italienischen Spezialitätengeschäften oder in gut sortierten Lebensmittelabteilungen auch tiefgekühlt. Frische Dicke Bohnen müssen immer zuerst geschält und in reichlich Salzwasser vorgekocht werden.

Statt der Dicken Bohnen kann man das Gericht auch mit Broccoliröschen oder frischen Erbsen zubereiten.

Spargelrisotto mit Spinat und Ziegenfrischkäse

1–2 EL Olivenöl extravergine
1 Schalotte oder Zwiebel, fein gehackt
400 g Rundkornreis (Risottoreis), gespült
100 ml Weisswein
1½ l Gemüsebouillon, heiss
1 kg grüne Spargeln
4 grosse Hand voll Spinat, geputzt, je nach Grösse in Streifen geschnitten
Meersalz, Pfeffer aus der Mühle
1 Hauch abgeriebene Zitronenschale
150 g Ziegenfrischkäse, grob zerbröckelt
nach Belieben etwas Pecorino romano, gerieben
Mandarinenöl zum Abschmecken

■ Die Zwiebel im Olivenöl glasig dünsten, den Reis dazugeben und ebenfalls glasig dünsten. Mit dem Weisswein ablöschen und mit etwas Bouillon aufkochen. Immer wieder umrühren und bei Bedarf Bouillon nachgiessen.

■ Die Spargeln im unteren Drittel schälen und in feine Scheiben schneiden, die Spitzen etwa 2 cm lang lassen. Die Spargelstücke nach 10–12 Minuten Kochzeit zum Reis geben, noch etwas Bouillon nachgiessen und alles weitere 8 Minuten kochen lassen. Zuletzt den Spinat dazugeben, noch 2 Minuten mitkochen lassen und den Risotto mit Salz, Pfeffer und Zitronenschale abschmecken. Den Käse darunter ziehen und den Risotto nach Belieben noch mit etwas geriebenem Pecorino verfeinern.

■ Am Tisch mit wenig Mandarinenöl beträufeln und geniessen.

Tipps: Mandarinenöl passt hervorragend zu Spargeln wie auch zu Broccoli.
Die Kombination von Spargeln, Spinat und Ziegenfrischkäse passt auch sehr gut zu Penne oder anderen Teigwaren. Dazu Spargeln und Spinat nach 5–6 Minuten Kochzeit zu den Teigwaren geben. Den Ziegenfrischkäse in etwas Olivenöl schmelzen und alles mischen.

Tessiner Kürbisrisotto mit Ziegenfrischkäse

1 Zwiebel oder 2 kleine Schalotten, fein gehackt
2 EL Olivenöl
1 Knoblauchzehe, grob gehackt
300 g Tessiner Rundkornreis (Risottoreis)
150 ml Weisswein
1,2 l Gemüsebouillon, heiss
1 kleine Stange Lauch, in feine Ringe geschnitten
400 g Kürbis (Potimarron), grob gerieben
150 g Ziegenfrischkäse, zerdrückt
Pfeffer aus der Mühle
glatte Petersilie, fein gehackt
Olivenöl zum Abschmecken

■ Die Zwiebel oder Schalotten im Olivenöl glasig dünsten, den Knoblauch und den Reis dazugeben, ebenfalls glasig dünsten und mit dem Weisswein ablöschen. Nach und nach die Gemüsebouillon dazugiessen und unter Rühren köcheln lassen.

■ Nach 15 Minuten Kochzeit Lauch und Kürbis dazugeben, nochmals etwas Bouillon nachgiessen und alles weitere 12 Minuten köcheln lassen. Zum Schluss mit dem Ziegenkäse verfeinern und mit Pfeffer und Petersilie abschmecken.
■ Mit frischem Olivenöl beträufelt und mit Pfeffer bestreut servieren.

Tipp: Im Frühling zum Schluss eine Hand voll grob gehackte Brennnesselspitzen mitdünsten.

Risotto verde mit Ziegenfrischkäse

200 g grüne Bohnen, in Stücke geschnitten
150 g Spinat, geputzt
1 Zwiebel, fein gehackt
3 EL Olivenöl extravergine
250–300 g Rundkornreis (Risottoreis)
800 ml Gemüsebouillon, heiss
150 g Ziegenfrischkäse
2 EL Heidelbeer-Aspretto (oder ersatzweise einige Tropfen Balsamicoessig)
1 Glas oder 1 Dose Artischockenherzen
Meersalz, Pfeffer aus der Mühle
5 EL geriebener Pecorino romano
etwas Olivenöl

■ Bohnen und Spinat getrennt garen. Abgiessen und bereithalten.
■ Für den Risotto die Zwiebel im Olivenöl glasig dünsten, den Reis dazugeben und mit heisser Bouillon ablöschen. In rund 20 Minuten al dente kochen.
■ Den Risotto vom Herd nehmen, den Ziegenfrischkäse, den Aspretto sowie Spinat, Bohnen und Artischockenherzen darunter mischen.
■ Mit Salz, Pfeffer und Pecorino abschmecken und mit frischem Olivenöl beträufelt servieren.

Tipp: Heidelbeer-Aspretto ist ein Essig aus Heidelbeersaft mit einem Zusatz von frischem Heidelbeersaft, der sehr gut zu Ziegenkäse passt (siehe Seite 15).

Muschelteigwaren mit Basilikum-Mandel-Pesto und Ziegenfrischkäse

Pesto:
200 g milder Ziegenfrischkäse und etwas Pecorino, gerieben
1 Bund (ca. 50 g) Basilikum oder Rucola
6–8 EL Olivenöl extravergine
6 EL Mandelstifte oder andere Nüsse
1 Limette, Saft
Meersalz, Pfeffer aus der Mühle

je 2 gelbe, rote und grüne Peperoni (Paprika)
400 g Muschelteigwaren

■ Den Ziegenkäse mit den Kräutern, dem Olivenöl, den Mandelstiften, dem Limettensaft, Salz und Pfeffer zu einem Pesto verarbeiten (am besten mit dem Stabmixer).
■ Die Peperoni waschen und ganz auf ein mit Backpapier belegtes Blech legen, im 220–250 Grad heissen Ofen rösten, bis die Haut dunkel wird und Blasen wirft (ca. 25–30 Minuten). Herausnehmen, abkühlen lassen, die Haut abziehen und die Peperoni grob hacken.
■ Die Pasta in reichlich Salzwasser mit einem Teelöffel Olivenöl nach Anleitung kochen, abgiessen und mit dem Pesto und den gehackten Peperoni mischen. Abschmecken und servieren.

Pikante Makkaroni mit Artischockenherzen und Pecorino

400 g Makkaroni oder Bucatini
300 g Artischockenherzen, tiefgekühlt, aufgetaut oder ersatzweise aus der Dose
1–2 Knoblauchzehen, gehackt
3–4 EL Olivenöl extravergine
Meersalz, Pfeffer aus der Mühle
2 EL gehackte glatte Petersilie
Pecorino romano oder Schafmilch-Halbhartkäse, frisch gerieben

■ Für die Makkaroni reichlich Salzwasser mit einem Teelöffel Olivenöl zum Kochen bringen. Die Makkaroni darin rund 10 Minuten al dente kochen. Abschütten und mit einem Schuss Olivenöl mischen.
■ Für die Sauce die Artischockenherzen in feine Streifen schneiden. Zusammen mit dem Knoblauch im Olivenöl kurz dünsten. Mit etwas Kochwasser von den Teigwaren aufgiessen und mit Salz, Pfeffer und gehackter Petersilie würzen. 5–8 Minuten dünsten.
■ Die Sauce mit den Makkaroni mischen und nach Belieben mit frisch geriebenem Pecorino mischen. Mit etwas Olivenöl extravergine beträufelt servieren.

Penne griechische Art mit Feta und Zitronensauce

400 g Penne
1 TL Olivenöl extravergine
2 kleine Schalotten, fein gewürfelt
2 Knoblauchzehen, gepresst
2 EL Olivenöl extravergine
100 ml trockener Weisswein
1 grosse ungespritzte Zitrone, abgeriebene Schale und Saft
200 g Feta oder anderer aromatischer Ziegenweichkäse
3–4 EL Olivenöl extravergine zum Abschmecken
Meersalz, Pfeffer aus der Mühle

- Die Penne in reichlich Salzwasser mit einem Teelöffel Olivenöl rund 10 Minuten al dente kochen.
- Für die Sauce die Schalotten und den Knoblauch im Olivenöl andünsten. Mit dem Weisswein ablöschen, mit etwas Teigwarenkochwasser auffüllen und mit der abgeriebenen Zitronenschale und dem Zitronensaft abschmecken. Etwa 10 Minuten köcheln lassen.
- Den Feta mit einer Gabel zerdrücken und zur Sauce geben. Kurz erwärmen und mit Salz und Pfeffer abschmecken.
- Die Penne mit der Sauce mischen und mit etwas Olivenöl verfeinert servieren.

Variante: In das Nudelkochwasser zuletzt noch etwas frischen Spinat oder grüne Spargel geben und kurz mitkochen.

Südfranzösischer Zwiebelkuchen mit Ziegenkäse und Rohschinken

Für ein rundes Kuchenblech von 28 cm Durchmesser

Teig:
250 g Dinkelruchmehl (Type 1050)
½ TL Meersalz
100 g kalte Butter, in Stücke geschnitten
50 ml Weisswein
75 ml Wasser

Belag:
2 rote Zwiebeln, in Ringe geschnitten
2 EL Olivenöl extravergine
400 g Ziegenfrischkäse, grob zerteilt
80 g Rohschinken, in feine Streifen geschnitten
1 EL Basilikumblätter, gehackt
½ EL Thymianblättchen, abgezupft
½ EL Rosmarinnadeln, fein gehackt

50 g Pecorino romano, fein gerieben
100 ml Rahm
Meersalz, Pfeffer aus der Mühle

- Für den Teig alle Zutaten zu einer krümeligen Masse verreiben und kurz zusammenkneten. In Folie eingewickelt 30 Minuten kühl stellen.
- Den Teig auf einer mit Mehl ausgestreuten Arbeitsfläche auswallen, das Blech damit auslegen und den Boden einstechen. 15 Minuten kühl stellen.

Südfranzösischer Zwiebelkuchen mit Ziegenkäse und Rohschinken

- Die Zwiebelringe im Olivenöl einige Minuten dünsten, mit den restlichen Zutaten gemischt auf dem Teig verteilen. Mit dem Pecorino bestreuen und den Rahm darüber giessen.
- Bei 220 Grad 25–30 Minuten backen.

Tipp: Statt den Teig selbst zu machen, kann man auch 250 g fertigen Blätterteig oder Kuchenteig verwenden.

Zwiebel-Roquefort-Quiche

Für ein Kuchenblech von 26–28 cm Durchmesser

250 g Blätterteig

Füllung:
250 g Zwiebeln
2 EL Olivenöl extravergine
200 g Roquefort
150 g Crème fraîche
2 Eier
Pfeffer aus der Mühle

- Den Blätterteig auswallen und das mit Backpapier belegte Blech damit auslegen.
- Die Zwiebeln schälen, fein hobeln und im Olivenöl etwa 8 Minuten dünsten. Auskühlen lassen und auf dem Teigboden verteilen.
- Den Roquefort mit der Crème fraîche, den Eiern und Pfeffer pürieren und über die Zwiebeln verteilen.
- Die Quiche bei 180 Grad 25–30 Minuten backen. Mit Salat servieren.

Peperoni-Feta-Focaccia

Ein Snack zum Mitnehmen oder eine leichte Sommermahlzeit
Für 2 Personen als leichte Mahlzeit

Ca. 200 g längliche, hellgrüne, türkische Peperoni (Cecei)
1 EL Olivenöl extravergine
2 Knoblauchzehen, grob gehackt
Kräutermeersalz, Pfeffer aus der Mühle
2 Focacce, fertig gekauft
100 g Feta, in Würfel geschnitten
einige Blätter glatte Petersilie
4 Cherrytomaten, in Scheiben geschnitten

■ Die Peperoni halbieren, entkernen und in Würfel schneiden.
■ Das Olivenöl in einer beschichteten Pfanne erhitzen, die Peperoni darin 6–8 Minuten braten. Zum Schluss den Knoblauch kurz mitdünsten, dann alles salzen. Die Peperoni beiseite stellen.
■ Die Foccace aufschneiden, mit den Peperoni- und den Fetawürfeln belegen. Einige Petersilienblätter und Tomatenscheiben darauf verteilen und nach Belieben mit einigen Tropfen Olivenöl beträufeln.

Tipps: Wer möchte, röstet die Foccace (man kann dafür auch Brotscheiben verwenden) kurz im Ofen oder im Toaster.

Wer Peperoni nicht mag, kann stattdessen fein geschnittene zarte Zucchinischeiben braten und die Brote damit belegen.

Spargel-Rucola-Focaccia mit Pecorino

Focacciateig:
350 g Dinkelruchmehl (Type 1050)
½ Würfel Frischhefe
½ TL Meersalz
200 ml lauwarmes Wasser
5 EL Olivenöl extravergine

Belag:
200 g grüne Spargeln, geputzt
wenig frische Pfefferschote, fein gehackt
Pfeffer aus der Mühle
50 g junger Pecorino, gerieben
Olivenöl extravergine
1 Bund Rucola, fein geschnitten

■ Für den Teig das Mehl in eine Schüssel geben. Die Hefe mit dem Salz im lauwarmen Wasser auflösen. Mit dem Olivenöl zum Mehl geben, alles zu einem geschmeidigen Teig arbeiten und zirka 10 Minuten kneten. Zugedeckt 30 Minuten gehen lassen.
■ Den Teig nochmals durchkneten, zu Fladen auswallen und nochmals kurz gehen lassen.
■ Die Spargeln in 4–5 cm lange Stücke schneiden, in wenig Salzwasser 3–4 Minuten dünsten, kalt abschrecken und gut abtropfen lassen. Die Spargelstücke auf den Fladen verteilen, mit Pfefferschote und Pfeffer würzen, mit dem Pecorino bestreuen und mit wenig Olivenöl beträufeln.
■ Bei 200 Grad ca. 15 Minuten backen. Mit dem Rucola bestreut servieren.

Erbsenwähe mit Ziegenkäse und Minze

Für ein Kuchenblech von 26 cm Durchmesser

200 g Blätterteig

Füllung:
150 g frische oder tiefgekühlte Erbsen
1 EL Balsamicoessig
2 EL Olivenöl extravergine
½ TL Senf

Guss:
150 g Ziegenfrischkäse (evtl. mit Kräutern)
100 g Ricotta oder 250 g Ziegenfrischkäse (Ziegenricotta)
2 Eier
¼ TL Meersalz
12 EL gehackte Kräuter (Thymian, Pfefferminze, Bohnenkraut)

Zitronenöl, nach Belieben
frische Pfefferminzblätter

■ Das Kuchenblech kalt abspülen oder mit Backpapier belegen und mit dem Blätterteig auslegen. Den Teigboden mit einer Gabel einstechen, mit Backpapier bedecken und mit Backerbsen oder Linsen füllen und bei 200 Grad etwa 15 Minuten blindbacken. Danach die Backerbsen oder Linsen entfernen.
■ Die Erbsen 5 Minuten in Salzwasser blanchieren, kalt abschrecken, dann mit Balsamicoessig, Olivenöl und Senf vermischen.
■ Für den Guss alle Zutaten mixen und auf dem Teig verteilen. Bei 200 Grad zirka 10 Minuten backen, dann die Erbsen darauf verteilen, andrücken und die Wähe weitere 10 Minuten backen.
■ Leicht abkühlen lassen und lauwarm servieren. Nach Belieben mit Zitronenöl beträufeln und mit frischen Minzblättern garnieren.

Lauchbrötchen mit Pecorino

Für 8 Brötchen

400 g Lauch, in dünne Ringe geschnitten
4 Vollkornbrötchen
2 Eier
100 ml Crème fraîche
80 g Pecorino, gerieben
Kräutermeersalz, Pfeffer aus der Mühle

■ Den Lauch in wenig Wasser oder über Dampf etwa 8 Minuten weich dünsten.
■ Die Brötchen quer halbieren, das Innere etwas aushöhlen (für Suppe oder Paniermehl verwenden). Die halbierten Brötchen auf ein mit Backpapier belegtes Blech legen und den Lauch darauf verteilen.
■ Die Eier mit der Crème fraîche und dem Käse mischen und über den Lauch giessen. Gut würzen.
■ Bei 200 Grad 10–15 Minuten überbacken. Mit einem Salat servieren.

Kürbis-Ziegenkäse-Quiche mit Oliven

Für 4 Personen mit Salat als Hauptgericht
Für eine Kuchenform von 26–28 cm Durchmesser

250 g Blätterteig

Füllung:
600–650 g Kürbis (am besten Potimarron)
150 g Ziegenfrischkäse
2 Eier
100 ml Rahm
2 EL Olivenöl extravergine
100 g Pecorino romano, gerieben
3 EL Vollkornmehl
1 Prise Cayennepfeffer
4 getrocknete Tomaten
frischer Rosmarin und Thymian, fein gehackt
1 ungespritzte Zitrone, abgeriebene Schale
Meersalz, Pfeffer aus der Mühle
schwarze Oliven

■ Den Teig auswallen, die mit Backpapier begelegte Form damit auslegen und mit einer Gabel einstechen.
■ Das Kürbisfleisch würfeln, über Dampf etwa 10 Minuten weich garen, pürieren und je nach Kürbissorte das Püree gut abtropfen lassen (es sollte ziemlich trocken sein). Abkühlen lassen.
■ Alle weiteren Zutaten ausser den Oliven dazugeben, mit dem Stabmixer pürieren und abschmecken.
■ Die Masse auf dem Teig verteilen, mit Oliven belegen und bei 180 Grad zirka 40 Minuten backen.

Tipp: Wer möchte, kann den Teig 10 Minuten blind vorbacken, so wird er etwas knuspriger.

Ziegenkäse-Quark-Quiche mit Kräutern und Knoblauch

Für ein Blech von 26–28 cm Durchmesser

250 g Blätterteig

Belag:
500 g Magerquark
200 g Ziegenfrischkäse
3 Eier
3 EL Olivenöl extravergine
4–5 Knoblauchzehen, gepresst
1 Bund Basilikum
1 Bund glatte Petersilie
1 Prise Cayennepfeffer
Kräutermeersalz, Pfeffer aus der Mühle
12 schwarze entsteinte Oliven

■ Den Blätterteig auswallen, auf ein mit Backpapier belegtes Blech legen und mit einer Gabel einstechen. Den Teig bei 200 Grad zirka 10 Minuten blind backen und leicht abkühlen lassen.
■ Für den Belag Quark, Käse, Eier, Olivenöl, Knoblauch, Kräuter und Gewürze mit dem Stabmixer zu einer sämigen Masse mixen, abschmecken und auf dem Teig ausstreichen. Die Oliven darauf verteilen.
■ Im Ofen bei 200 Grad rund 30 Minuten backen. Mit einem Salat servieren.

Käseschnecken

Ergibt ca. 16 Stück

Teig:
300 g Dinkelruchmehl (Type 1050)
1 TL Paprikapulver
½ TL Meersalz
½ Päckchen Trockenhefe oder ½ Würfel Frischhefe
1 Kartoffel (ca. 75 g), in der Schale gekocht
200 ml lauwarmes Wasser
1 TL Olivenöl extravergine

Füllung:
150 g Roquefort, gewürfelt
100 g Greyerzer, grob gerieben
100 g Pecorino, grob gerieben
80 g Ziegenfrischkäse, zerdrückt
Pfeffer aus der Mühle

■ Für den Teig das Mehl mit den Gewürzen und der Trockenhefe in einer Schüssel mischen. Die Kartoffel schälen und dazureiben.
■ Das Wasser hinzufügen und alles zu einem geschmeidigen Teig verkneten. Zugedeckt 1 Stunde gehen lassen.
■ Den Teig auf einer mit Mehl ausgestreuten Arbeitsfläche rechteckig auswallen (ca. 25 x 40 cm).
■ Den Käse auf dem Teig verteilen. Den Teig von der Längsseite her aufrollen und in etwa 2 cm breite Schnecken schneiden.
■ Auf ein mit Backtrennpapier belegtes Blech legen und bei 200 Grad rund 15 Minuten backen. Heiss oder lauwarm servieren. Nach Belieben mit einem guten Olivenöl beträufeln.

Französischer Ziegenkäsegratin nach Landfrauenart

8–12 Scheiben Pariserbrot oder Baguette
2 EL Olivenöl extravergine
320 g Ziegenfrischkäse (4 Stück à 80 g)
4 EL Crème fraîche
1 Knoblauchzehe, gepresst
Pfeffer aus der Mühle, wenig Meersalz

■ Die Brotscheiben mit dem Olivenöl beträufeln und bei 230 Grad im Ofen kurz toasten.
■ Portionengratinförmchen leicht einfetten und mit den Brotscheiben auslegen.
■ Den Ziegenkäse mit der Gabel zerdrücken und mit Crème fraîche, Knoblauch und Pfeffer würzen, leicht salzen. Die Käsemasse auf die Brotscheiben verteilen und bei 200 Grad 10–15 Minuten gratinieren. Mit frischem Pfeffer bestreut servieren.
■ Dazu passt ein bunter Salat.

Pikanter Olivencake mit Pecorino

Für 4–6 Personen

350 g Dinkelruchmehl (Type 1050)
1 Beutel Trockenhefe oder 1 Würfel Frischhefe
½ TL Meersalz
2 EL Olivenöl extravergine
80–120 g Pecorino romano, gerieben, nach Belieben
150–200 ml lauwarmes Wasser
2 Eier
60–100 g Rohschinken, grob gehackt, nach Belieben
60 g schwarze entsteinte Oliven, gehackt
2 Zweige Thymian, Blätter fein gehackt
Meersalz, Pfeffer aus der Mühle

½ Eigelb zum Bestreichen

■ Das Mehl mit der Trockenhefe, dem Salz, dem Olivenöl und 40 g geriebenem Pecorino mischen, nach und nach das lauwarme Wasser dazugeben. Die aufgeschlagenen Eier, den restlichen Käse, den Rohschinken, die Oliven, Thymian und die Gewürze darunter arbeiten und alles zirka 10 Minuten kräftig kneten. Der Teig sollte nicht mehr an den Händen kleben. Je nach Konsistenz noch etwas Mehl darunter arbeiten. Den Teig zugedeckt 1 Std. aufgehen lassen.

■ Dann den Teig nochmals durchkneten, in eine geölte Form geben oder zu einem Laib formen. Zudecken und nochmals 30 Minuten gehen lassen.

■ Den Cake mit dem verquirlten Eigelb bestreichen, bei 200 Grad je nach Grösse 25–35 Minuten backen (Nadelprobe). Lauwarm in Scheiben geschnitten servieren.

Tipp: Dazu passt sehr gut die Kürbis-Feta-Creme (Seite 21) oder die Ricotta-Basilikum-Paste (Seite 17).

Tomatentatin mit Caprino

Für eine runde Form von ca. 26 cm Durchmesser

Teig:
250 g Dinkelruchmehl (Type 1050)
100 g Butter
1 EL Milch
1 Eigelb

Belag:
2 EL Ahornsirup oder Akazienblütenhonig
500–600 g kleine sardische Tomaten, quer halbiert
1–2 Schalotten, in feine Ringe geschnitten
1–2 EL Olivenöl extravergine
80 g halbharter Ziegenkäse (z.B. Caprino), fein gerieben
Meersalz

■ Aus den Teigzutaten einen Mürbeteig herstellen und 30 Minuten zugedeckt kühl stellen.

■ Die Form mit Ahornsirup oder mit Honig ausgiessen. Die Tomaten mit der Schnittfläche nach unten in die Form geben. Die Schalotten zirka 5 Minuten im Olivenöl leicht dünsten, über den Tomaten verteilen und mit dem geriebenen Käse bestreuen.

Pikanter Olivencake mit Pecorino

■ Den Teig in der Grösse der Form auswallen, auf die Tomaten legen und den Teigrand in die Form schieben. 30 Minuten bei 180 Grad backen (mit Umluft etwas kürzer) und in der Form leicht auskühlen lassen. Leicht gesalzen lauwarm oder kalt servieren.

Tipp: Statt selbst gemachtem Mürbeteig kann man auch 250 g fertigen Blätterteig oder Kuchenteig verwenden.

Variante: Schmeckt auch ohne Schalotten sehr fein.

Spinatwähe mit Feta und Oliven

Für ein Kuchenblech von 22 cm Durchmesser
Für 2 Personen als Hauptgericht oder
für 4 Personen als Vorspeise

125 g Teig nach Wahl, z. B. Kuchenteig, Blätterteig oder Mürbeteig

Füllung:
300 g Spinat (Winterspinat), geputzt
1 kleine Zwiebel, fein gehackt
1–2 Knoblauchzehen, gepresst
1 EL Olivenöl extravergine
Salz, Pfeffer aus der Mühle
150–200 g Ziegenkäse (z.B. Feta)
10 schwarze Oliven, evtl. entsteint

Guss:
1 Ei
50 ml Rahm oder Milch oder Sojamilch
wenig Pfeffer aus der Mühle, Kräutermeersalz

■ Das mit Backpapier belegte Blech mit dem Teig auslegen und den Boden einige Male einstechen.
■ Für die Füllung den Spinat grob hacken und mit den Zwiebelwürfeln und dem Knoblauch im Olivenöl 3–5 Minuten dünsten, bis der Spinat zusammengefallen ist. Die Flüssigkeit abgiessen und den Spinat eventuell nochmals mit einem Messer durchhacken. Würzen und den leicht ausgekühlten Spinat auf dem Teig verteilen.
■ Den Ziegenkäse zerbröckeln und auf den Spinat geben, die Oliven darauf verteilen.
■ Für den Guss das Ei mit dem Rahm verquirlen, würzen und über den Spinat giessen. Die Wähe bei 200 Grad rund 25 Minuten backen.
■ Zusammen mit einem Salat ist dies eine komplette Mahlzeit.

Tipp: Werden die Zutatenmengen verdoppelt, reicht es für eine Wähe von 28 cm Durchmesser.

Tomatentatin mit Caprino

Kleine Radicchio-Roquefort-Quiches mit Pinienkernen

Für 5 kleine Portionen-Quicheförmchen oder eine runde Kuchenform von 26 cm Durchmesser

250 g Kuchenteig oder Blätterteig

Belag:
4 kleine Köpfe Frühlingsradicchio (ca. 150 g) oder 1 mittelgrosser Radicchio, in Streifen geschnitten
1 Hand voll frische Spinatblätter
2 EL Olivenöl extravergine
½ Zitrone, Saft
Meersalz
1–2 Knoblauchzehen, gepresst
100 ml Rahm
1 Ei (evtl. 2 Eier)
100 g Ziegenfrischkäse, Feta oder Roquefort, zerbröckelt
Pfeffer aus der Mühle, Meersalz oder Kräutermeersalz
1–2 EL Pinienkerne

■ Den Kuchenteig in der Grösse der Förmchen ausstechen und die Förmchen damit auslegen. Den Boden einstechen.

■ Den Radicchio und den Spinat in feine Streifen schneiden, im Olivenöl 3–4 Minuten dünsten, mit Zitronensaft, Salz und nach Belieben gepresstem Knoblauch abschmecken. Leicht auskühlen lassen. Die Quiches mit dem Gemüse belegen.

■ Für den Guss den Rahm, das Ei und den Ziegenkäse mixen, würzen und über das Gemüse verteilen. Mit den Pinienkernen bestreuen und rund 25 Minuten im 200 Grad heissen Ofen backen. Lauwarm servieren.

■ Mit frischem Olivenöl beträufelt servieren. Dazu passt ein bunter Saisonsalat.

Kleine Radicchio-Roquefort-Quiches mit Pinienkernen

Lauch-Pizzette mit Feta und Baumnüssen

Für ein rechteckiges Blech oder ein grosses rundes Pizzablech

Pizzateig:
350 g Dinkelruchmehl (Type 1050)
30 g Frischhefe oder 1 Beutel Trockenhefe
½ TL Meersalz
1 TL Vollrohrzucker
2 EL Olivenöl extravergine
225–250 ml lauwarmes Wasser

oder für 3 kleine Pizzas 1 fertig gekaufter Pizzateig (220 g)

Belag:
1–2 Stangen Lauch, je nach Grösse, geputzt
1 Bund Frühlingszwiebeln mit Grün
2 EL Olivenöl extravergine
Kräutermeersalz, Pfeffer aus der Mühle
1 Zweig Rosmarin, gehackt
1 Zweig Thymian, gehackt
etwas Peperoncino (Pfefferschote), nach Belieben
2 schnittfeste Tomaten, in Scheiben geschnitten
einige schwarze Oliven (evtl. entsteint)
einige Sardellen, nach Belieben
einige Baumnüsse, grob gehackt, nach Belieben geröstet
150–200 g Feta oder anderer Ziegenkäse
Olivenöl zum Beträufeln
Rucola, ganze Blätter oder grob geschnitten als Garnitur

■ Für den Teig alle Zutaten rasch mit dem Handrührgerät oder in der Küchenmaschine zusammenfügen. 5–10 Minuten kräftig kneten. Zugedeckt 30–60 Minuten gehen lassen.

■ Für den Belag den Lauch der Länge nach halbieren und in etwa ½ cm breite Streifen schneiden. Die Frühlingszwiebeln mit etwas Grün fein schneiden.

■ Lauch und Zwiebeln im Olivenöl unter Rühren 3 Minuten dämpfen. Mit Kräutersalz, Pfeffer, Rosmarin, Thymian und nach Belieben wenig zerdrücktem Peperoncino würzen. Den Teig nochmals gut durchkneten und direkt auf dem geölten Blech auswallen.

■ Mit den Tomatenscheiben belegen. Den etwas ausgekühlten Lauch darauf verteilen und nach Belieben mit Oliven, einigen Sardellen, gehackten Baumnüssen und dem gewürfelten Feta belegen. Mit einigen Tropfen Olivenöl beträufeln.

■ Bei 220 Grad 20–25 Minuten backen. Mit frischem Olivenöl beträufeln und nach Belieben mit etwas Rucola belegen.

Tipp: Für ein rundes Pizzablech reichen 150 g Feta und 400 g Lauch; für ein rechteckiges Blech etwas mehr Lauch und 200 g Feta verwenden.

Lauch-Pizzette mit Feta und Baumnüssen

Feta und Birnen mit Portwein-Honig-Sauce

2–4 EL Apfelsaft
4 EL Portwein
1 TL Zitronensaft
2 Williamsbirnen, geschält, entkernt und in Schnitze geschnitten

3 EL weisser Portwein
2 TL Thymianhonig oder Akazienblütenhonig
1 TL Senf

300 g Feta, grob zerbröckelt
Pfeffer aus der Mühle

- Für die Birnen den Apfelsaft mit Portwein und Zitronensaft aufkochen und die Birnenschnitze darin etwa 5 Minuten weich garen. In der Flüssigkeit auskühlen lassen.
- Den Portwein mit Honig und Senf glattrühren.
- Den Feta und die Birnenschnitze auf Tellern anrichten und mit der Portwein-Honig-Sauce beträufeln.
- Dazu passt getoastetes Baguette.

Tipp: Statt Feta kann auch ein anderer Ziegenkäse verwendet werden.

Warme Honigtrauben mit warmem Ziegenkäse

Warme Honigtrauben mit warmem Ziegenkäse

4 TL Pinienkerne
350 g weisse Trauben
2 EL Akazienblütenhonig
1–2 EL flüssige Butter oder Olivenöl
4 Ziegenfrischkäse, in Wein- oder Kastanienblätter eingewickelt

- Die Pinienkerne ohne Fett leicht rösten.
- Die Trauben ganz lassen oder besser halbieren und entkernen. Mit dem Honig und der Butter in einem Topf kurz erwärmen. 2–3 Minuten ziehen lassen.
- Die Ziegenkäse in 4 feuerfeste, leicht geölte Gratinförmchen setzen, die Trauben und die Pinienkerne darüber verteilen und bei 200 Grad im Ofen 8–10 Minuten überbacken. Heiss servieren.

Eingelegter Ziegenkäse mit Kastanien-Nuss-Honig

Eine Spezialität aus der Provence

4 kleine frische Ziegenkäse
reichlich schwarzer Pfeffer aus der Mühle
2 EL gehackte Kräuter (Basilikum, Salbei, Rosmarin)
5 Wacholderbeeren
2 Knoblauchzehen, gepresst
150 ml gutes Olivenöl extravergine

150 g Kastanienhonig
150 g grob gehackte Baumnüsse

■ Die Ziegenkäse in ein Glas schichten. Mit Pfeffer, den gehackten Kräutern, den Wacholderbeeren und dem Knoblauch würzen, mit dem Olivenöl aufgiessen. Die Käse müssen mit Öl bedeckt sein. An einem kühlen Ort, aber nicht im Kühlschrank durchziehen lassen.
■ Honig und Nüsse mischen und die gut abgetropften Nüsse zu den Käslein servieren.

Pecorino mit süssem Balsamico

Ein einfacher Hochgenuss

1 Stück milder Pecorino
reifer süsser Balsamicoessig (3- oder mehrjährig)

■ Den Pecorino in Stücke brechen und mit wenig Balsamicoessig beträufelt servieren.

Ziegenfrischkäse oder Geissenformaggini mit Rotweinessig und Olivenöl

Eines meiner liebsten Rezepte. Unbedingt probieren!

Für 1 Person

Ziegenfrischkäse (Tessiner Buscon) oder Geissenformaggini
guter Rotweinessig, am besten hausgemacht
Pfeffer aus der Mühle
Olivenöl extravergine

■ Den ganzen Frischkäse oder die Formaggini auf einen Teller geben und mit etwas Rotweinessig, Pfeffer aus der Mühle und nach Belieben Olivenöl beträufeln.
■ Dazu ein helles Brot und ein Glas Merlot geniessen.

Tipp: Ein guter Ziegenfrischkäse mit diesen einfachen Zutaten ist ein köstlicher Abschluss einer Mahlzeit, kann aber auch sehr gut als Antipasto serviert werden.

Wichtig ist dabei natürlich, dass nur ein sehr guter Essig und ein gutes Olivenöl verwendet wird.

Ricottatörtchen mit Honig

Für 12 Törtchen

Teig:
125 g Dinkelruchmehl (Type 1050)
1 Prise Meersalz
15 g kalte Butter
1 TL Akazienblütenhonig
4 EL Wasser

Füllung
150 g Ziegenkäsericotta oder Schafmilch-ricotta
2 EL Honig
1 Eigelb
je ½ unbehandelte Zitrone und Orange, abgeriebene Schale
1 EL Sultaninen, nach Belieben
1 Prise Meersalz
2 Eiweiss, steif geschlagen

wenig flüssiger Honig

■ Für den Teig Mehl und Salz in einer Schüssel mischen, die kalte Butter dazugeben und mit den Händen rasch zu einem Teig zusammenfügen. Den Honig und das Wasser hinzufügen und unterarbeiten. Nicht kneten. Den Teig flach drücken und 30 Minuten zugedeckt kühl stellen.
■ Den Teig etwa 1 mm dick auswallen und 12 Rondellen von 10 cm Durchmesser ausstechen. Die Teigrondellen auf Backpapier legen, einen Rand hochziehen, zu Falten legen und zusammendrücken. Nochmals 15 Minuten kühl stellen.
■ Für die Füllung alle Zutaten glatt rühren und den Eischnee darunter ziehen.
■ Die Masse in die Törtchen verteilen und bei 180 Grad zirka 35 Minuten backen.
■ Lauwarm mit Honig bestrichen servieren.

Mit Frischkäse gefüllte Datteln

Für ein Buffet

15 grosse fleischige Datteln, halbiert und entsteint

Füllung:
100 g Ziegenfrischkäse
fein gehackte Kräuter nach Belieben (Basilikum, Petersilie, Kerbel)
Pfeffer aus der Mühle
wenig Zitronensaft
falls nötig, etwas Quark

gehackte Pistazien oder eingelegte grüne Pfefferkörner als Garnitur

■ Für die Füllung den Käse mit den Kräutern und Gewürzen mit einer Gabel oder dem Schwingbesen cremig rühren. Je nach Konsistenz noch etwas Quark darunter mischen. Die Masse mit dem Dressiersack in die halbierten Datteln füllen.
■ Nach Belieben mit gehackten Pistazien oder einigen eingelegten grünen Pfefferkörnern garnieren.

Tipp: Statt in Datteln kann man die Masse auch in ausgehöhlte Cherrytomaten füllen.

Pikante Wähen, Kuchen und Gebäck

Nachspeisen

Bücher und Zeitschriften

«La Cucina Italiana», Kochzeitung, Spezialthema Formaggi, September 2000
«Vielfältige Aromen dank Ziege und Schaf», in: «Tages-Anzeiger», 25.11.2000
Wolfgang Scholz: Käse aus Schaf- und Ziegenmilch, Ulmer Verlag, 1995
Ulrich Dymanski: Selbstversorgung durch Ziegenhaltung, Pietsch Verlag, Stuttgart, 3. Auflage 1986
Fritz Albert Popp: Die Botschaft der Nahrung, Zweitausendeins
Sandra Carini, Ottavio Salvadori del Prato: Il latte e i Formaggi Caprini, Communita Montana Valli del Luinese, Stampa: Luino Stamp-Germignaga (VA)
Jean Christoph Crocy, Michel Lepage: Fromages Fermiers, La Maison Rustique, Paris 1991
Jean Christoph Corcy: La Chèvre, La Maison Rustique, Paris 1991
Schmidt, Gerhard: Zur Qualitätsfrage in der Ernährung, Proteus-Verlag, Kronbühl-St. Gallen
Schwinzer, Ida: Das Milchschaf, Verlag unbekannt

Ausgewählte Adressen

Nachfolgend eine Auswahl von Adressen, die mir persönlich bekannt sind oder mit denen ich im Zusammenhang mit diesem Buch Kontakt hatte; sie erhebt keinen Anspruch auf Vollständigkeit.

Schweiz

Tessin

Azienda Agricola Pozzo Scuro (Direktverkauf)
6634 Brione Verzasca
Tel. 091/746 16 01
Ziegenkäse, Ziegenfleisch, Ziegensalami, Schaffleisch aus Freilandhaltung. Versand in der ganzen Schweiz.

Pascal und Daniele Favre
6634 Brione Verzasca
Tel. 091/746 14 61
Einer der besten Ziegenfrischkäse im ganzen Tessin, prämiert und von der Spitzengastronomie in der Region sehr geschätzt. Mit Bio-Knospe zertifiziert. Auf dem Markt in Locarno oder direkt beim Produzenten erhältlich.

Nadia und Damiano Matasci
Casa Laurina
6637 Sonogno
Tel. 091/746 14 41
Produktion von Demeter-Ziegenkäse.

Martina und Raymond Geiser
Vecchia Dogana
6571 Indemini
Tel. 091/795 24 40
Buscon (aus Rohmilch), Joghurt, Robiola (Formaggini), Formagella (Halbhartkäse), Nebenprodukt Ziegenfelle und diverse Kastanienprodukte. Verkauf im hofeigenen Laden «Bottega La Capra» in Indemini.

Daniele und Brigit Rovelli
6951 Leglio (oberhalb Tesserete im Val Capriasca)
Tel. 091/943 49 18
Frischkäse, Formaggini und Formagella (im Sommer Produktion auf der Alp). Verkauf ab Hof (nur in der Saison von Ostern bis Mitte September), täglich 17–19 Uhr oder nach Absprache.

Bruno und Edeltraud Gamper
6951 Cimadera
Tel. 091/944 10 19
Zertifizierter Bio-Schafmilchkäse (Halbhartkäse, Typ Pecorino). Produktion und Verkauf direkt ab Hof von Ende April bis Mitte September. Spezialitäten auf Anfrage: Schafmilch-Ricotta und Schafmilch-Formaggini. Vertrieb im Tessin durch Pro Con Bio und Verkauf in der «Oekomotive», Mariahilfgasse, Luzern.

Französische Schweiz

Ferme de Cerniévillers SA
2353 Les Pommerats
Tel. 032/952 19 19
Fax 032/952 19 10
E-Mail: ferme@cernievillers.ch
www.cernievillers.ch
Bio-Produktion von Fleisch und Käse. Spezialitäten: Tomme de chèvre, Frischkäse mit Kräutern und Knoblauch, Chevroti (halbharter Mutschlikäse).

Zentralschweiz

Heinz Stalder
Käserei Landbrügg
6170 Schüpfheim
Tel. 041/484 26 64
Gerollter Ziegenkäse aus Rohmilch in Asche, halbharter Ziegenkäse aus Rohmilch.

Fam. Burckhardt-König
Hasensprung
6143 Ohmstal
Tel. 041/980 05 29
Schaffrischkäse, Schafmilchquark, Schafmilchjoghurt, Ziegenfrischkäse, Schafhartkäse. Lammtrockenwürste und frisches Lammfleisch auf Bestellung.

Familie Widmer
4805 Brittnau
Ziegenfrischkäse und Ziegenjoghurt. Verkauf u.a. im «Weltladen», Trimbach.

Familie Mattmann
6022 Grosswangen
Tel. 041/980 16 35
Napf-Geisskäse aus Bio-Rohmilch.

Zürich

Schafsmilchkäserei F. und F. Koster
8639 Faltigberg-Wald
Tel. 055/246 57 00
Fax 055/246 34 92
Schafskäse aus pasteurisierter Schafmilch.

Graubünden

Fam. A. und C. Cotti
Funtanga nova
7456 Sur
Tel. 081/684 52 30
Alp Flix 081/684 54 92
Bünder Halbhartkäse von der Alp Flixer aus Bio-Rohmilch, auf dem Holzfeuer hergestellt. Zu beziehen bei: Rolf Beeler, Nesselnbach, Tel. 056/622 03 13.

Ostschweiz

Ueli Moser
Spezialitätenkäserei «boncas»
8512 Lustdorf TG
Tel. 052/376 31 52
Fax 052/376 26 61
E-Mail: info@boncas.com
www.boncas.com, www.biocheese.ch
Spezialität: Schafs-Hartkäse aus Bio-Rohmilch (Schweizer Pecorino, Schafs-Sbrinz). Verkauf: Globus und in ausgesuchten Käsefachgeschäften. Bio-Schafmutschli und Schaf-Brie, Thurgauer Weichkäse aus erhitzter Bio-Schafmilch.

Käserei Stofel AG
Fam. Stadelmann
9657 Unterwasser
Tel. 071/999 11 40
E-Mail: kaeserei.stofel@pop.agri.ch
Bio-Schafskäse aus pasteurisierter Bio-Schafmilch.

Italien

Cooperativa Agricola
La Buona Terra Damanhur
Via Case Sparse 6
I-10080 Trausella (TO)
Tel./Fax (0039) 0125 74 252
E-Mail: buonaterra@buonaterrra.com
www.buonaterra.com
Sehr guter, handwerklich gemachter Ziegenkäse (alte Reifekeller). Einzigartiger «Roquefort»-ähnlicher Käse aus Ziegenmilch unter dem Namen «Valdiki». Zum Teil erhältlich in Intra (Lago Maggiore, Italien) bei «La Caseira», Eros Buratti, Tel. (0039) 0332 35 811.

Sonntagsmarkt in Canobbio
Für alle Tessinbesucher und Freunde von gutem Käse, auch Ziegen- und Schafskäse, lohnt sich der Besuch des Marktes am Sonntag in Canobbio (Italien): grosse Auswahl an schmackhaftem Ziegen- und Schafskäse.

Käsefachausstellung in Italien – ein Muss für jeden Käseliebhaber
Grösste Käsefachmesse weltweit, alljährlich im September in Bra, Piemont, unter dem Patronat von Slow Food.

Dank

Danken möchte ich allen, die mich bei der Arbeit an diesem Buch in der einen oder anderen Form unterstützt haben.

Insbesondere waren das verschiedene Ziegen- und Schafskäseproduzenten im Tessin, die mich in die Kunst der Käsefabrikation und das artgerechte Halten von Ziegen- und Schafen einweihten und mir mit ihren Informationen bei Fragen immer weitergeholfen haben. Ein spezieller Dank geht dabei an Martina Geisser aus Indemini und Esther Panscura aus Brione im Valle Verzasca.

Speziell danken möchte ich auch meiner Freundin Erika Homberger aus Agarone, die mir freundlicherweise ihr wunderschönes Rustico in Gerra Verzasca für die Fotoaufnahmen zur Verfügung stellte und mich, wo immer sie konnte, liebevoll unterstützte.

Danken möchte ich auch ganz herzlich dem kreativen und keinen Aufwand scheuenden Fotografen Andreas Thumm und seiner Fotoassistentin Britt Schilling. Wir haben zusammen bei den Rezeptaufnahmen vier abwechslungsreiche und wie immer spannende Tage im schönen Valle Verzasca verbracht.

Danken möchte ich aber auch all meinen kritischen Testessern, unter anderen waren das mein einjähriger Sohn Mano Filippo, meine Eltern, verschiedene Freunde und zahlreiche Teilnehmerinnen an meinen Kochkursen.

Und zuletzt geht ein ganz spezieller Dank auch an den AT Verlag in Aarau, der den Mut hatte, dieses nicht ganz alltägliche Buch zu verlegen, und an all die unsichtbaren Mitarbeiter und Mitarbeiterinnen im Hintergrund, die es braucht, bis ein solches Buch nach langen Vorbereitungen erscheinen kann.

Über die Autorin

Erica Bänziger, 1963 geboren, lebt heute im Tessin. Seit 1982 arbeitet sie als dipl. Ernährungsberaterin und seit 1987 auch diplomierte Gesundheitsberaterin AAMI. Nach praktischer Tätigkeit im Bircher-Sanatorium in Zürich und als leitende Ernährungsberaterin in einer ganzheitlich orientierten Kurklinik im Tessin ist sie seit 10 Jahren selbständig tätig, unter anderem als Kursleiterin, Kochbuchautorin, Dozentin an Heilpraktikerschulen und Referentin für Vorträge in der ganzen Schweiz.

Seit 1995 verschiedene, teilweise sehr erfolgreiche Kochbücher. Im AT Verlag ist von ihr (zusammen mit Brigitte Speck) erschienen: «Blutgruppen-Kochbuch A und O».